3兄弟の息子を持つシングルファーザーの

父と子をつなぐお弁当

えかろパパ

KADOKAWA

6年間作り続けた

特製弁当を一挙公開！

YouTubeでアンケートも実施！　視聴者が選んだお弁当が登場よ♡

RANKING

No.1

- 鶏もも唐揚げ
- 豚こまとピーマンのオイスター炒め
- カニカマたまご焼き
- オクラのお浸し
- プチトマト

ソーセージ
- 豚こまの生姜炒め
- 甘々たまご焼き
- ピーマンとツナの和えもの

- 茄子とひき肉の
  オイスターソース炒め
- だし巻きたまご焼き
- 人参のナムル
- ブロッコリー
- プチトマト

- ハニーマスタードチキン
- 人参の韓国風オムレツ
- 辛子明太子
- 塩こんぶ

● 鶏むねのヤンニョムチキン
● たまご焼き
● レンコンサラダ
● ブロッコリー
● プチトマト
No.5

Ekaro papa's
Lunch box

sandwich

dessert

はじめに

みなさん、はじめまして！　私、「えかろパパ」と申します。

会社員として働きながら長男、双子の次男・三男の息子3人を育てる、シングルファーザーです。

約6年前、それぞれ息子が高校生、中学生のころ、さまざまな理由から私と元妻さんは別々の道を歩むこととなり、**わが家は「父子家庭」となりました。**


そのとき、心に誓ったことがあります。

それは**「仕事でどんなに疲れていても、育ちざかりの息子たちの食事だけはしっかり準備してあげよう！」**ということ。

以来、元妻さんにまかせきりだった子どもたちのお弁当をはじめとする食事づくりを私が一手に担うことに。

父親として、ときには彼らの「おかん」として、「食」を軸に息子たちと向き

合う日々がスタートしました。

仕事に家事にと追われていると、毎日が目まぐるしく過ぎていきます。けれども、子どもたちは毎日同じように見えても、ものすごいスピードで成長しているものです。

彼らの成長を記録に残しておきたい。そう考えて2020年に始めたのがYouTubeチャンネル「父と子つなぐおべんとう」です。

動画の内容は毎日のお弁当をはじめとする食事づくりの様子が中心。オトコ4人のドタバタ・ズボラ生活もありのままに発信してきました。

ちなみに私の名前、「えかろパパ」の「えかろ」は、岡山弁で「いいんじゃない?」「いいよね」の意味。

私が「手抜きしても、えかろ!(手抜きしても、いいでしょ!)」と、動画で「えかろ!」を使っていたのが由来です。

息子の「冷食はやめて」発言で大ピンチに！

お弁当をはじめとする食事づくりの様子をYouTubeで発信していると言うと、「えかろパパは料理が大好きで得意な人なんだな」と思われるかもしれません。

でも、私はもともと「食」にあまり関心のないタイプ。

流行りのお店は全然知らないし、「あれ食べたい、これ食べたい」という欲も皆無なんです。

だから、料理を始めたころの晩ごはんは、カレーやパスタばかり。**お弁当は冷凍食品オンリーで、彩りや栄養なんて考えもしなかったんです。**

それが一変したのは、次男くんから飛び出したある一言でした。

「冷凍食品はもうやめてほしい」

料理下手の私にとって、冷凍食品を封じられるのは正直めちゃくちゃキツかった……。でも、これをきっかけに「もう少しちゃんとしたものを作らなきゃ」と反省して、料理をするようになります。

冷凍食品をレンチンするのも、パパッと肉や野菜を切って炒めるのも手間は同じ——。そう考えることにしたんです。

今でも上手とはいえない私の料理の腕前ですが、YouTubeの視聴者のみなさんからのアドバイスもあって、確実に、少しずつ上達しています。

とはいえ、手抜きをすることも、もちろんあるんですよ。

冷蔵庫に残った食材を炒めてフライパンのまま出したり、料理をしたくない日はピザトーストを晩ごはんにしたり。買い物を忘れていてお弁当を作れず、子どもにお金を渡してお昼ごはんを買ってもらうことも。

YouTube撮影のない日は、茶色いおかずばかりの映えないお弁当を作っていることも、ここで告白しちゃいます！

夢は孫のお弁当を作ること！

こんなふうに、息子3人のお弁当づくりをしてきて、はや6年。
長男くんは来年大学を卒業するし（たぶん）、その下の双子くん2人も、2024年の春から大学生です。きっと、あっというまに就職して、私のもとから巣立っていくことでしょう。結婚して家族や子どもができるのも遠い未来じゃないかも……？

私の夢は、もし孫ができたら、孫のお弁当を作ってあげることです。息子にも作ったことのないキャラ弁とか作ってあげたいな、などと想像（妄想？）を膨らませています。

そんな私が、この本で伝えたいこと。
それは、「親はそんなにがんばりすぎなくていい」ということです！

日本は「お弁当文化」が浸透しているため、楽しんで作る方がいる一方、毎日キレイで栄養価の高いものを作ってあげなきゃとプレッシャーを感じている方も少なくないと思います。

私も後者でした。**私はもともと完璧主義な性格です**。離婚当初は仕事も家事も100％にしなきゃ！　とめちゃくちゃ肩に力が入っていました。

でも、そんな無理が長く続くはずもなく……。

親といえども、ひとりの人間。疲れていることもあるし、料理をしたくない日だってあります。きっと、この本を読んでくださっているみなさんもそうですよね？

それなのに無理をし続けた結果、体力的にも精神的にも限界がきてしまったことがありました……。

でも、子どもたちってすごいんです！　親のことを見ているし、自分でちゃんと考えているんですよね。

私が参ってしまったときには、「ごはんは適当に作るよ」「外で買ってきたから大丈夫」と気遣ってくれます。頼んだわけでもないのに、兄弟3人で助け合って、家事を分担してくれました。

以来、息子たちが悩んでいるときには、私は徹底的に味方になろう、と決意。**料理を通して、親も子も足りないところを補い合い、支え合って生きていくことの大切さを教わった**と思っています。

毎日、自分の思いどおりにならなくても、大丈夫。ひとり親でも何とかなる。子どもたちを信じよう——。

そんなふうに思えるようにもなりました。**私のイライラは少しずつ減り、以前より楽天的に物事を考えられるように。**

この本で、毎日家のことをがんばっている方、お弁当づくりがツラい方、時間に追われてしんどい方に少しでもラクになってもらえたらうれしいです。

シングルファーザーのリアルな日常をお届けするわ

この本は4つの章から構成されています。

第1章「シングルファーザー『えかろパパ』のリアル」では、私と子ども3人、合わせてオトコ4人のむさ苦しい日々をご紹介。

こだわりのなさすぎる「えかろ家」は、親子4人で「パンツ共有」があたりまえ！ 「性教育」の話もざっくばらんにしちゃってます。そんなちょっぴり変わっていると言われる「えかろ家」の普段の姿をどうぞお楽しみください。

第2章「料理を通して初めてわかった『失敗』と『学び』」では、子どもたちとの接し方や私が料理から得た学びについてお伝えしていきます。

日々の食事づくりを通して、私が何をどう学んできたのか。失敗についても何かしらの参考になればうれしいです。

第3章「上昇志向ゼロ!? 悟り3兄弟それぞれの日常」では、3兄弟の「リアルな生態」をお見せします。性格はそれぞれですが、3人とも私の血を引いているとは思えないほどよくできた、いい子たちです。

その反面、びっくりさせられることや、年相応の抜けたところもあって、そこがまたかわいいんです。ツッコミを入れながら、ぜひ読んでみてください。

第4章「親が仕事と子育てに押しつぶされないために」では、僭越ながら、私の生い立ちと、親が子育てに押しつぶされないようにするためのコツをお伝えします。私の話を「転ばぬ先の杖」としてお役立ていただけたら幸いです！

この本を読んで、「がんばりすぎなくてもいいんだ」「お弁当づくりや料理が楽しくなった」と感じていただけたら、こんなにうれしいことはありません。

CONTENTS

第1章

シングルファーザー「えかろパパ」のリアル

第2章 料理を通して初めてわかった「失敗」と「学び」

第3章

上昇志向ゼロ!? 悟り3兄弟それぞれの日常

第4章

親が仕事と子育てに押しつぶされないために

STAFF

ブックデザイン	bookwall
カバーイラスト	鈴木晃子
本文イラスト	さとうりさ
編集協力	横山瑠美
制作協力	株式会社BitStar
DTP	三協美術
校正	ぷれす

第1章

シングルファーザー「えかろパパ」のリアル

ワタシの1日のルーティンを紹介するわね

まずは、改めて「えかろ家」のメンバーを紹介します！

わが家は、「えかろパパ」こと私（47）、大学生の長男くん（21）、双子の次男くん（18）と三男くん（18）の4人家族。猫のミルク（オス）とココア（メス）の2匹とともに、関東のとある街で暮らしています。

想像がつくと思いますが、オトコ4人の生活は毎日がまるで「男子合宿」のよう。朝起きてから夜寝るまで、ドタバタとズボラの嵐が家中に吹き荒れています！

ここからはカンタンに、ワタシの1日のルーティンを紹介するわね♡

あ、私、ときどきオネエ言葉が出ちゃうんですが、これってSNS上のキャラなんです。YouTubeでも、この本でも、ときどきオネエ言葉が出ちゃうけど気にしないでくださいね♪

5時～6時　起床

通常は6時、お弁当の撮影をする日は5時起床です。料理プロセスを撮るには通常の1・5倍～2倍の時間が料理にかかっちゃうから、早起き必須！　YouTubeって全然ラクじゃないですね……。

7時　お弁当づくり開始

撮影がなければ、私は7時にお弁当づくりに取りかかります。大学生の長男くんを除いて家族全員、8時には家を出るので、双子くんたちを起こすのもこの時間です。

でも、すんなり起きてくれることなんてまずありません〜。

双子くんたちは7時30分、7時45分になっても起きてこないことがあるから、大声が出ちゃうこともしばしば。きっと、お子さんのいらっしゃるご家庭では「あるある」の日常ですよね。

しかも困ったことに、**わが家は私も含めて全員が「朝風呂」派！** そのため、7時台のお風呂と洗面所の争奪戦は熾烈《しれつ》を極めます……。


お弁当づくりや撮影の終わった私がようやく身じたくに取りかかれるのが7時台。息子たちにはもう少し早く起きてもらってお風呂と洗面所の使用は済ませておいてほしいのですが、そううまくはいきません！

ときには子どもたちがなかなか出てこなくてお風呂待ちすることも。こっちは朝早くから起きてお弁当づくりをしてんだよ〜!!　トホホ。

8時 出勤

ドタバタの身じたくを終えて、やっと家を出発！ 私は会社へ、双子くんたちは学校へ向かいます。

長男くんは対面授業があるときは大学へ行きますが、コロナ禍以降はリモート授業もあるので、そのときは家で過ごします。

双子くんたちのお弁当は弁当袋に入れて、玄関のドアノブに引っかけておくので忘れることはありません。

でも、この習慣ができるまで、子どもたちはしょっちゅうお弁当を忘れて登校していました。**私が何度、学校まで走らされたことか**（涙）。子どもに甘すぎますね……。

当然ながら、キッチンの片付けなどする余裕はなく、シンクには鍋やフライパン、お皿が乱雑に積み重ねられたまま、家を後にします。

キッチンだけでなく、お風呂も洗面所もめちゃくちゃで、とても人様にお見せできる状態ではありません！　ホンマはぼっけ〜汚ねんじゃ……（岡山弁で「本当にすごく汚いんですよね……」）。

18時　退勤

仕事のあとはだいたい喫茶店に寄って、撮影した動画の編集をするのが日課になっています。私が編集で使うのはパソコンではなくスマホ。なので、通勤途中の電車の中やベッドの中でも編集していることがよくあります。

20時　スーパーへ買い出し

帰宅。傷みやすい野菜やこまごました食材はスーパーに寄って、その日使うものを買って帰ります。

肉を大量に買い込む週1の買い出しの日は、いったん帰宅してから車でスーパーへ。育ちざかりの男の子の食欲はすごいので、買い物の量がハンパない！重くて1人で運ぶのは大変なので、**子どもたちをオヤツやアイスで誘い出して、**

荷物持ち要員として買い出しに連れていくことも。

「大学生や高校生にもなってオヤツやアイスで釣られるわけないでしょ」って？それが釣られるんですよね～、うちの息子たち。背丈は私よりずいぶん高くなったけれど、まだまだ子ども（本当は私を気遣ってくれているのかもしれませんが）。

買い物から帰ってきたら、まずは、**キッチンのリセット（わが家では「キチリセ」と呼んでいます）からスタート！**

朝のお弁当づくりと、昼間に大学生の長男くんが飲み食いで使った鍋や皿でぐちゃぐちゃになったキッチンを片付けていきます。

長男くんは料理は得意だけれど、片付けは大の苦手。この3年間で、帰宅したときにキッチンが片付けられていたのは、たったの2回（涙）。

そのときは「奇跡が起きた！」と一瞬感激しましたが、よっぽど何か後ろめたいことがあったんでしょうね～（笑）。

20時30分～21時　晩ごはんの準備

キチリセが済んだら、やっと晩ごはんの準備が始まります。1人で作ることが多いけれど、息子たちもわりと手伝ってくれるんです。ありがたや～。

もちろん、毎日凝った料理を、お皿をいっぱい使って盛り付けて豪華に……なんてことをしているわけではありませんっ！

疲れて料理ができない日は、ワンプレートどころか、フライパン1つ。フライパンとご飯茶碗をテーブルに持っていって、それぞれフライパンからおかずを取ってご飯に乗っけて食べる、みたいなこともしばしば……。

テーブルに持っていけば、まだいいほう。

キッチンに椅子を持ってきて、フライパンからそのまま食べちゃう、なんていうお行儀の悪いことも結構しちゃってます（椅子持ってくるほうが大変やろ！笑）。

お皿を並べる必要もないし、食べ終わったあとにお皿をそのままシンクに入れたら終わりなのでラクなんです……。

晩ごはんのあとの「キチリセ」は、じゃんけんで担当を決めます。わが家では、負けた人は皿洗いをし、勝った人はシンクにお皿を持っていく係になっています。

22時〜23時　就寝

子どもたちは遅くまで起きているけれど、私はこのくらいの時間には寝ちゃいます。**日付が変わるころまで起きていることは滅多にありません。**だいたい6時間〜7時間睡眠ってところでしょうか。

これが「えかろ家」の1日のルーティン。なかなかのドタバタっぷりでしょ？

オトコ4人の家の中はいつもカオス！

このルーティンでもおわかりのように、わが家の中はいつもカオスです！

私も息子3人も全員A型なのですが、**神経質、几帳面といわれるA型らしいところは、わが家のどこにも見当たりません……！**

まあ、血液型とか関係なく、大ざっぱなオトコ4人が好きなように暮らしているので当然といえば当然です。

このカオスを生み出している原因はいろいろあります。

まずは「掃除」！　日々の仕事や料理・お弁当づくりに精一杯で、とにかく掃除が全然追いついていません。

一応、わが家にも家事分担はあります。長男くんは料理係（といっても気が向いたら、ですが）、次男くんは猫のお世話係、三男くんは洗濯係と、ざっくりすぎる家事分担。**そう、「掃除担当」がいないんです！**

だから、どうしても掃除の優先順位は低くなり後回しに……。

ときどき念入りに掃除をしても、すぐホコリはたまるし、猫の抜け毛もあって汚れちゃう。**もう掃除は週1回でいいわ！と割り切っています。**

ごはんは食べないと死んじゃうけど、掃除は少々サボっても命に影響ないですからね。すーごくホコリがたまっていても、見て見ぬふりしちゃいます。

掃除が行き届かないので、息子たちの部屋もなかなかカオスな状況です。

一番片付いていないのが長男くんの部屋。めちゃくちゃ汚い！

次男くんはわりとキレイ好き。長男くんに比べればまあまあキレイに部屋を保っています。キレイ好きといっても、たかが知れていますけどね……。

三男くんはゼロか100かというほど極端です。掃除をやり始めたらとことんキレイにするけれど、それを保てず、すぐ散らかり放題になる。そのくり返しです。**それでも親子4人、何とか生きていますから「これでえかろ！」って思っています。**

こんなふうに、掃除は少々サボっても生活に支障はないのですが、困るのが「洗濯」。「洗濯係」は三男くんですが、毎日こまめに洗濯機を回すとは限らないからです。

キレイなタオルがない！　着るものがない！　なんてことはわが家では珍しくない。この前三男くんに、タオルがないときはTシャツで拭いてるって話をしたら「オレも（笑）」って言うので、2人で大笑いしました。

わが家の洗濯機には乾燥機能が付いているので、入れたら乾燥まで一気！　ていねいに広げて干したりすることは滅多にありません。

どうしてもシワシワだとカッコ悪い服、縮んだら困るセーターなんかは、**三男**

くんが分けて、オシャレ着洗いモードで洗濯して干してくれます。

「おーい、今から干す用の服を洗濯機で回すよ〜」と三男くんから声がかかると、**みんないそいそと干してほしい服を持っていきます。**

……といっても、干してほしい服があるのは三男くんと私ぐらい。

長男くんと次男くんは、服がシワッシワでもまったく気にしないタイプです（実際は、三男くんが気を利かせて、兄弟の分も分別して洗ってくれているようです）。

パンツは共有！タオルの再使用はあたりまえ！

これは読者のみなさんに言っちゃうとドン引きされるかもしれませんが、思い切って明かしちゃいます。

じつは「えかろ家」、オトコ4人のパンツは共有なのです！　キャー！

ふふふ、びっくりされました？

でも、うちではパンツの共有はあたりまえなんですよ。

「普通は子どものほうがお父さんと同じパンツを穿くなんてイヤがりますよ！」とある方に言われたことがあります。

確かにそうかもしれません。**私だって、実家の父親とパンツを共有するなんてイヤです！**（泣）。

父親もきっとイヤがるでしょう……。

でも、うちではこれがあたりまえすぎて、指摘されるまでヘンだとまったく気付きませんでした（笑）。

子どもたちから「お父さんと同じパンツを穿きたくない」なんて言われたこと

がなかったので……。

とにかく日々、何かしらを身に着けてごはんを食べられることが、わが家の最優先事項となっています。

洗濯と乾燥が終わっても、うちでは服をきちんと畳んだりしません。どうせすぐ着ますから、パンツとシャツ、靴下は洗濯機の横にある棚に畳まずに投げ込んでいるんです。パンツとシャツ、靴下は全員共有なので、棚にあるものを取って、それぞれ勝手に身に着けています。

ときどき困るのが、靴下です。**子どもたちが靴下を部屋で脱いでしまうので、靴下の片方がよくなくなってしまうんですよ……。**

最近は子どもたちから「お父さん、これからは同じ靴下の白と黒を買おう。そうすれば片方なくなっても困らないから」と言われています。

確かにそうね。頭いいわあ♡

バスタオルも、家族全員で共有しています。

バスタオルは一度使ったら洗う派の人もいれば、何度か使ってから洗う派の人もいますよね？　わが家は後者。洗濯をまめにしないから、すべてのバスタオルが使用済みのときは、**前日に使ったタオルを翌日も再使用しちゃうの！**

あとになればなるほど、ぬれたバスタオルで体を拭かなきゃならないから、みんな先を争ってお風呂に入ろうとします（笑）。

そんなことするぐらいなら、普段からちゃんと洗濯しておけばいいのに、って言われそうだけど、それができないのよね……。

バスタオルのストックをたくさん揃えておけば？　とアドバイスされたこともありますが、たくさんストックがあると、みんなどんどんキレイなタオルを下ろして使って、結局洗濯が追いつかないに決まってる！

だからバスタオルは4、5枚だけにして、再使用で何とかしのいでいるわけ。

私は、実家住まいのときは自分で洗濯して、パンツを三つ折りにして裾をくるりんとゴム部分に折り込んでから収納するようなタイプでした。でも、今ではまったくしなくなっちゃいましたね……。

オトコ4人のドタバタ生活では、パンツをくるりんしてるヒマなんてない！　もっと大事なことがたくさんあるんじゃー！！

そう気付いてからは、あきらめる部分はあきらめて、できるだけノンストレスで生活することを大切にしています。

オトコ兄弟だからこそ「性教育」は大事よ

すっかりズボラ生活に染まってしまった私ですが、それでも大切にしていることがいくつかあります。

その1つが「性教育」。長男くんには中学校入学ぐらいのタイミングですぐに話をしました。もちろん、最初はうまく話せるかな、ちゃんと聞いてくれるかな、と心配でしたね……。

けれども、腹をくくって思い切って話してみたら、素直に聞いてくれたんです。

長男くんも恥ずかしいのか、「ふーん、わかったわかった」という感じではありましたが、ヘンに反発したりせず、素直に聞いてくれて父親としてはホッとしました。

三男くんには最近彼女ができたので、コンドームを渡して「責任を持って、彼女を大切にしろよ」と話をしてあります。

三男くんはいわゆる「高校デビュー」をしちゃってます。

中学校に入るまではサッカー一筋でどちらかというとおとなしい子でした。ところが、高校に入ってから急に「陽キャ」になり、行動範囲が拡大。

友だちや彼女と遊ぶのが楽しくて仕方ないようで、門限ギリギリに帰ってくることが増えています。

どこで何があるかわからないので、きちんと父親として話をしておかなきゃ、って思ったんです。

親としてやれることはやりました。あとは三男くんを信じてまかせるしかないと思っています。

思い切った性教育の甲斐あってか、三男くんはその後、親が驚くようなことまで相談してくれるように！ ちょっとここでは言えないようなことね（笑）。びっくりはしたものの、隠しごとをされるよりずっといいと思っています。

今時の子どもたちは素直で、私なんかよりずっと大人だな、偉いな、と感心しきりです。

ちょっと親バカすぎるかしら？

家の経済状況も隠さないで話しているわ

子どもたちには、私なりの「お金の教育」もしています。日本ではお金を忌避したり、お金の話をするのは卑しいことだ、悪いことだと言われたりすることがありますが、それは違うという話をよくしているんです。

お金があれば、体にいいものを選んで食べられます。心身を整えるアクティビティにお金を使うこともできますし、お金を気にせず病院にかかることもできる。お金に余裕があれば、生活であくせくすることなく、精神的にも落ち着きが出ます。

そういうお金のいいところを、子どもたちにはしっかり伝えておきたいなと考えているんです。

私の親の世代が現役だったころは金利が高く、郵便局や銀行の口座に貯めておくだけでめちゃくちゃお金が増えた時代。だから、かえって私たちの世代は親からお金や投資について教わる機会がほぼありませんでした。

幸い、私の周りには投資をする同僚や先輩がたくさんいて、投資に対してわりとオープンな環境。だから、私自身は投資への抵抗感が少ないんです。

そんな環境で得た知識を、大した内容ではありませんが、息子たちにはことあるごとに伝えています。

3人の息子は全員、アルバイトをしています。**結構稼いでいて、自由に使えるお小遣いはワタシよりずっと多いのよ**（笑）。

でも、それをすべて遊びに使っちゃうのはもったいない！　月に1万円でいいから60歳まで運用したほうがいい。複利で増えていくから、60歳になるころにはバカにできない金額になっているはず、って教えています。

近年はＮＩＳＡのような初心者が始めやすい運用もありますので、さっそく子どもたち全員のＮＩＳＡ口座を開設しました。利用しない手はない！

子どもたちも乗り気になってくれて、お金を貯め始めています。


何年か前に「老後２０００万円問題」が話題になりましたよね。

金融機関に預けても雀の涙ほどの利子しかつきませんが、子どもたちが10代のうちから投資を始めていれば、そんな問題が気にならないほど、かなりの生活の足しになるんじゃないでしょうか。

父子家庭になって、お金の心配は尽きないからこそ、子どもたちに同じ経験をさせたくない！　と思っています。

だから**わが家の家計についても包み隠さず話すようにしていますし**、大したものではありませんが、**お金や投資の知識も子どもたちとシェアするように心がけているんです。**

ＰＴＡ会長を2年連続でやってみたら……

毎日の仕事プラス子育てと家事で目まぐるしい日々を送ってきましたが、じつは私、ＰＴＡの役員も経験しました。

長男くんの高校では長男くんが2年生と3年生のときに、2年連続でＰＴＡ会長に。ついでに次男くん・三男くんの中学校でもＰＴＡ役員を1年経験しました。

さらに言うと、長男くんの高校のＰＴＡ会長の1年間と、双子くんたちの中学校のＰＴＡ役員の期間は重なっています。

このＰＴＡの役職は、どちらも自ら引き受けました。

正確に言うと、長男くんの高校のＰＴＡ役員決めのときは、元妻さんが引き受けてきたんです。

「やります、って人が現れるまで帰れないんでしょ？　もし誰もいなければ引き受けてきていいよ。オレやるから」と、私が前もって元妻さんに伝えていたんですね。

その結果、本当に元妻さんがＰＴＡ役員を引き受けてきました。でもまさか、「ＰＴＡ会長」を引き受けてくるとは思っていなかったんですけどね（苦笑）。


みんながあれだけ逃げたがっているＰＴＡの仕事を自分から引き受けるなんて、どれだけドＭなんだ!?　って思われましたか？

そうです、ワタシ、ドＭなのよ（笑）。

真面目な話をすると、ＰＴＡの仕事を引き受けたのは、じつは純粋な好奇心からでした。メディアの報道を見ていると、ＰＴＡについてはよくない話しか出てきません。

役員決めが毎年大変で、決まるまで帰れない、無駄で非効率な仕事が多すぎる、さまざまなタイプの親とコミュニケーションを取らなければいけなくて面倒、などなど。

でも、それって本当かな？　と私はずっと思っていました。知らないことは知りたいタイプなんですよね。

ならば、自分の目でそれが本当なのか確かめたい！　と思ったわけ。

うん、どこまでもドMですね、ワタシ（笑）。

他の親の教育方針を知るきっかけになったわ

ＰＴＡの仕事を引き受けた理由は、もう１つあります。**それは、自分以外の親の教育方針を聞いてみたいと思ったこと。**

YouTubeからはわからないかもしれませんが、じつは私、もともとすご～く神経質で短気な性格なんです。

昔は子どもたちがちょっとでも失敗すると、そこまで怒らなくても、と思われるぐらい声を荒らげて厳しく叱っていました。

いろいろな出来事や人との出会いを経て、今では楽天的な性格になりましたが、当時を振り返るたびに、何であんなに怒ってたんだろうと、子どもたちに対して申し訳なくなります。

この自責の念は未だに消えることがありません。

ただ、厳しく接していた時代にも、**私は心の底では自分のそんな性格を直したい！ 子どもたちにもっと優しく接してあげたい！** と思っていました。

それで他の親御さんたちがお子さんたちをどう教育しているか、聞いてみたかったんです。ＰＴＡはいろいろな親御さんたちと知り合って話を聞くことができる絶好の機会だと思いました。


結果として、**私はＰＴＡの仕事を大変だと思うことはありませんでした。**楽しかったんです。

体育祭、文化祭の運営を手伝ったり、ＰＴＡとして出店をしたり。そうそう、体育祭や卒業式でよく見る「ＰＴＡ会長のあいさつ」ってやつも経験しました。

私から見れば、ＰＴＡは大人たちが力を合わせて１つのことをする「大人の部活」という言葉がぴったりの活動でした。

参加の目的だった、他の親御さんたちの教育方針を聞く機会にも恵まれました。同じ学校の親御さんだけでなく、よその学校のPTA会長さんや役員さんとお話しできる機会もあって、私としては願ってもないチャンスでした。

PTA主催で、著名人の子育てや教育観についての話を聴く講演会もありました。**心に残っているのは、私みたいに子どもに厳しすぎる親はどうすればいいのか、というテーマの講演会です。**

私たちの世代の親は、戦争を経験した親（私たちの祖父母）から厳しい教育を受けており、怒鳴られたり、たたかれたりした人もいるかもしれません。

その親たちから私たちも教育されているので、「教育とは厳しくなくてはならないものだ」という先入観を持っている方も少なくありません。私もその1人でした。

その影響で、子どもたちに厳しく接することは必要なことだ、子どものためだ、と勘違いをして過ごしてきました。

でも、時代は変わりました。正しい知識を習得して、現代に合った教育をしなければならないのです。

「過去に厳しく接したことで、必要以上にご自分を責めないでください。これから、子どもへの接し方を変えていきましょう！」という話でした。

こうした話を聞くことができて、少し気持ちが軽くなりましたね。

そして、やっぱり子どもへの接し方を変えていこうと気持ちが固まりました。

ＰＴＡに参加して本当によかったと思っています。

「パパ友」「ママ友」はほとんどいないわね

「ＰＴＡ役員に自分から手を挙げるなんて、えかろパパはすごく社交的な人なんだな」と思われた方もいらっしゃるかも？　**でもワタシ、本当はとっても人見知りなのよ！**

初対面の人とはなかなか打ち解けられません。

子どもの学校や習い事、部活を通して知り合う、いわゆる「パパ友」「ママ友」で集まるのは大の苦手。

きっとお子さんのいらっしゃる方ならご経験があるんじゃないでしょうか。習い事や部活の送り迎えの場でお父さん同士、お母さん同士で意気投合して仲良くなって、飲みにいきましょう、と盛り上がるアレ。

私はアレが本当に苦手なんです。

お酒もそんなに飲めないし、何をどこまで話していいのかわからなくて気を遣ってしまうので、飲み会にも行きたくない。

でも場の雰囲気を壊してしまいそうだから、仕方なしに行く。そんな人間なんです……。

会社やPTAのときは、「仕事だから仕方がない」と割り切って、その役を演じるつもりで取り組んでいます。

そう考えれば、私は社交的で人あたりのいい人間にもなれるんです。

「こだわりの人?」じつはワタシ趣味がないの

お弁当づくりや料理の動画をアップしているので、「えかろパパは食に関心の高い、こだわりの人」と思われている方もいらっしゃるかもしれませんね。

けれども私、シングルファーザーになって子どもたちの食事を作るようになるまで、「食」にまったく関心のない人間でした。

これを食べたい、あれを食べたいということはないし、流行りの飲食店にも興味なし。

日本ならどこのお店に入ってもある程度おいしいものが食べられますから、どこで何を食べても同じだと思っているので、食にこだわる理由がないんです。

今47歳ですが、最近になるまでひとり飯をしたことすらほとんどありませんでした。食に興味もないし、たまに1人で食べにいくと「何だろう、この時間」って思っちゃう。1人でコーヒーを飲むくらいがちょうどいいんですよね。それに太りたくないので、お昼に自分用のお弁当を持っていくことはないし、お昼自体を食べないことが多いんです。

だから、食事は1日1食。家族みんなで食べる、晩ごはんだけです。

趣味もまったくありません。服はユニクロやリサイクルショップで買ったものを適当に着ています。あまりにもこだわりがないので、Instagramを見て「今はこういう格好をするのか」ってマネして、着る服や買う服を決めています。

長男くんは、体格がかなりいいので服は共有できないけれど、**双子くんたちの服を借りることもしばしば。**

コーディネートにアドバイスをもらったりすることもあるんですよ。仕事着はスーツではなく、カジュアルOKなので、そんなに服代はかかりません。スーツも安物ばかり買っています。

好きな音楽も特にないし、コンサートに行くこともないですね。スポーツもしていません。しいていえば、太らないように自宅で筋トレをするぐらい。背がそんなに高くない分、年をとっても、せめて太らないようにしたい！　と切実に思っています。

……とこだわりのないオトコですが、「髪の毛」にはこだわっています！

YouTubeをご覧の方はお気付きかと思いますが、じつは頭頂部の髪が薄くなってきており、動画に映ってしまったときは、モザイクでひた隠しにしていました（今はネタとしてバッチリ晒しています笑）。

最近、ＡＧＡ（男性型脱毛症）の薬をせっせと飲み始めました。効果は絶大です！　飲んだら、かなり薄くなっていた頭頂部の毛髪がめちゃくちゃ生えてきたので密かにガッツポーズしています。

これからも、できることはやるつもりよ♡

子どもの進路の不安はバリバリあったわね

子どもが3人もいると、進路の不安が絶えません。

長男くんの大学受験のときは、年末の模試の結果が思わしくなく、長男くんが急に大学受験に対して弱気になってしまったことも……。

そのことをYouTubeで動画にしたところ、多くの方が親身になってアドバイスをくださいました。今、これを読んでくれてる貴方もその1人よね？（笑）。

その後、長男くんは無事に大学に合格することができました！　本人の努力と、みなさんの応援のたまものです。

双子くんたちの高校受験も、忘れられない思い出です。

じつは、双子くんたちは同じ高校を目指していました。しかし、結果は**三男くんが合格した一方、次男くんが不合格になりました。**次男くんは、試験ができた手応えがなく、三男くんに「オレ、ダメだったかも……」と受験直後から話していたそう。

三男くんは、次男くんがひょっとしたら落ちるかもしれないと考え、私に「自信がないって言ってた。もし落ちても怒らないでやってほしい」と**事前にフォローをしてくるほど、次男くんのことを心配していました。**

次男くんは次男くんで、同時に高校受験をして自分だけ落ちてかなりショックだったことでしょう。

同じ家の中に受験生が2人。それだけでもかなりピリピリモードですが、1人だけ落ちてしまうなんて……。**私も、そのときはどう声をかけていいのかわかりませんでした。**

けれども、考えようによってはよかったといえるかもしれません。生まれてからこのかた、ずっと同じ学校、同じサッカー部で常に比べられる環境にいた2人が、高校で初めて別々の道を歩んだのです。

自分ともう1人を比べることなく、それぞれの場所で世界を広げることができたんじゃないでしょうか。

貴重な時間だったと思います。

次男くんは高校ではサッカーをやめてバドミントン部に入り、アルバイトを始めました。

三男くんも高校ではサッカーをやめて、他の部活には入らず、友だちとの遊びやアルバイトに夢中です。落ち着いた性格だったのに、急に「陽キャ」になって、彼女までできちゃいました。いわゆる「高校デビュー」ってやつです。

上昇志向がない双子くんたちの将来像とは!?

楽しそうな高校生活を送っているなと安心していたのも束の間、すぐに双子くんたちの進路について考えないといけない時期がやってきました。

大学に行きたいかどうかもわからない。特に勉強したいことがない。将来就きたい職業も今のところない——。

そんな上昇志向のない2人でしたが、私は大学には行ってほしいと思っていました。

大学に行かないことを否定しているわけではありません（40歳を超えてからでもYouTubeを始められる時代ですからね）。

それでも、大学に行ったことが有利に働く場面がまだまだあるのも確か。4年制大学を卒業していたほうがお給料もいいし、その後の人生で何かと有利になることがあるんじゃないかと思ったんです。

そこで、まずは2人と話して、**大学進学を目指すことだけは決め、そこから何を学ぶか、どこを受験するか**を考えていきました。本来なら順番が逆かもしれませんが……(汗)。

その後、2人には「たとえば、多くの人が学ぶような学部より、社会に出てから『キミじゃないとできないからお願い』と言われるようなことを学んだらどうかな?」といった話をしながら、いっしょに進路を考えていきました。

結果、2人とも「家族でYouTubeをやっている」という強み(!)を生かして、メディアとビジネスについて学べる大学を目指すことが決定。見事、2人とも合格を勝ち取りました!

しかし、合格しても心配は尽きません。

待っていたのは、そう、お金の問題です！

合格前は夏期講習代、入学検定料などの出費があり、合格したらしたで入学金、年間の授業料、定期券代……。

学費以外にも家のローン、車の維持費、税金、保険料などなど。


お金がなんぼあっても足りんじゃろっ！（泣）。


しかも、わが家は2024年4月から大学生が3人になります。

長男くんの卒業が近いとはいえ、これから大学生2人×4年間の学費……。

考えただけで、気が遠くなります！


もともと、YouTubeを始めたのは子どもたちの成長の記録を残すと同時に、収益が少しでも学費の足しになれば、と考えてのことでした。

でも、大学4年間×3人分の学費は、**本業の稼ぎを足してもまったく足りないのが正直なところです。**


先日、双子くんたちの入学金と初年度の学費、○百万円を払ってきました。

金は今、燃え尽きています……。

双子くんたちにはわが家の家計について正直に話した上で、2年目からは奨学金も利用してもらうことにしています。

学費の半分は私が払い、残り半分は奨学金でまかなってもらう計画です。

しっかり勉強して決して留年などすることなく、何とか4年で卒業してほしいと強く願っています！


私は私で、学費を余裕で払えるぐらいしっかり稼ぎ、そのお金を双子くんたち

が奨学金を返し始める4年後のタイミングで渡してあげられたらいいな、と密かな野望を抱いています。

あ、でもここに書いちゃったら、双子くんたちが「どうせ返してもらえるもんね」と甘えてしまうかしら!?

第2章

料理を通して初めてわかった「失敗」と「学び」

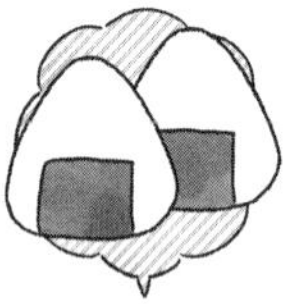

仕事も家事も子育ても、全力でやってダウンしちゃった

なんだかんだ言いながらも、オトコ4人で欠点を補い合って何とか毎日を回している「えかろ家」。でも、ここに至るまでには、言い尽くせないくらい、いろいろなことがありました。

特に大変だったのは、離婚によって家事や子育てを一手に担いながら、YouTubeまで始めた時期です。私は会社で出向となってしまい、通勤に片道3時間、往復6時間（！）かかるようにもなっていました。
そのため、朝は4時に起きて、動画の撮影をしながらお弁当づくり。子どもたちを叩き起こしてから3時間かけて出勤です。

仕事を終えたら、また3時間かかって帰宅。玄関のドアを開けると、家の中はめちゃくちゃです。

子どもたちはゲームに夢中になっています。当時は家事分担もしていませんでしたから……。

そこから晩ごはんづくりをはじめとした家事が始まります。自分の時間は文字どおり「ゼロ」。趣味がないから時間がなくてもいいのですが、ゆっくりお風呂に入る時間も取れないくらい、当時は時間に追われまくる生活を送っていました。

私はもともと神経質で何でも自分の思いどおりにしたい性格。家の中のこまごましたことをするのは、それほど苦ではありませんでした。

自分のペースで家事を進められず、家の中を思いどおりにできないことのほうがストレスになるタイプだったんです。

それに、私には自責の念がありました。自分の至らなさから「えかろ家」を父子家庭にしてしまったという思いが強く、自分がキツいからといって子どもたちに家事を負担させるわけにはいかない！　と思い込んでいたんです。

だからどんなに大変でも、自分の体にムチ打って、全力で毎日の家事をこなしていました。

その結果、何が起こったか？

ある日突然、電池が切れたかのようにダウンしてしまったの……。

仕事には何とか行くけれども、仕事を終えて帰宅したら、とにかくもう何もしたくない！　そんな無気力状態がしばらく続きました。

この時期は記憶もあいまいなのですが、帰宅後、ワタシは一体何をしていたのかしら……。

ひょっとしたら、ひたすら寝ていたのかもしれません。

当時は、とにかく気力・体力ともに限界に達していました。

もともと神経質で手抜きのできない性格です。

適当にやることができず、何もかも1人で完璧にやりきろうとしていました。

その結果ダウンしちゃって、かえって子どもたちに迷惑をかけてしまったんです。

自分は親失格だなと、完全に自己嫌悪に陥りました。

誰も家事をしないから、当然、家の中はどんどん汚くなります。

洗濯もしないので、シャツもパンツもキレイなものがなくなって、子どもたちに「ごめん、もう1回同じもの着といて」と言うこともありました。

食事については、兄弟3人で助け合って何とかしていたようです。長男くんが料理好きなので、YouTubeで料理動画を見ながら作り、弟たちにも食べさせてくれていました。

お小遣いを渡していたから、それで何か買って済ませることもあったようです……。

親がいなくても家庭は何とか回るものね

ただ幸いなことに、そんな無気力状態からは1カ月ほどで抜け出すことができました。気付いたの、ワタシ。**私がいなくても、子どもたちは何とか生活しているってことを！**

子どもたちは、掃除や洗濯が少々おろそかになっても大した問題と思っていないように見えました。無気力状態に陥った父親に対して、不平不満を言ってもおかしくないのに、そんなことは一言も口に出さず、兄弟3人で助け合いながら、たんたんと毎日を送っていたんです。

先ほど「父子家庭にしてしまったという自責の念が強かった」とお話ししました。**でも、私が子どもたちから、それに関して責められたことはこれまで一度も**

ないんです。

ただただ、私が1人で、子どもたちに対して申し訳ない、と強く思っていただけでした。

その結果、仕事も家事も子育ても全力でやりすぎて勝手にダウンし、かえってみんなに迷惑をかけてしまった、ってわけ。

そのことに気付いてからは、**勝手に自責の念を感じて、離婚を十字架のように背負って生きているだけではダメだ、目の前の子どもたちにちゃんと向き合わなきゃ**、と思いました。

「いかん、自分には休んでいるヒマはない。しっかり子どもたちと向き合って、ちゃんとしたものを食べさせなきゃ！」と、立ち直ることができたんです。

もちろん、家を父子家庭にしてしまったことは消しようのない事実。死ぬまでやっぱり、この自責の念は消えないと思っています。

料理は手を抜きつつこなせるようになったの

ダウンして以降、**私は他の家事はほどほどにして、お弁当をはじめとする食事づくりだけは（わりと）しっかりするようになりました。**

成長期の子どもたちの体をつくるのは、何と言っても食べ物です。食べ物だけはちゃんとしてあげなきゃ、逆に言うと、それ以外は適当でいいかな、と割り切ることができるようになっています。

メリハリをつけられるようになったんです！

掃除は毎日しなくても死ぬわけじゃない。洗濯は着るものがなくなってきたらすればいい。

「このシャツもう1回着て」
「パンツも2日目だけどいいでしょ、裏っ返しにして穿いといて」
と罪悪感なく言える大らかさ（！）が生まれてきました。
几帳面な方から見るとあきれられるかもしれません。**でも、「それでも生きていけるんだ」と思えたのは、私にとって大きな転換でした！**

とはいえ、どうしても料理をしたくない日もあります。そんなときは、晩ごはんをおにぎり1個で済ませたり、ピザトーストにしたり。**めっちゃ手抜きをしています。**

お弁当を作りたくない日のための工夫もしています。子どもたちには月2000円を渡しておいて、**お弁当を作れなかった日はそのお金でお昼を買ってもらうことにしているんです。**

1回のお昼代を仮に500円とすれば、週に1回、月に4回はお弁当づくりをしなくて済みます。**月4回はお弁当を作らなくていいんだと思うだけで、かなり気持ちがラクになりました。**

YouTubeの視聴者さんからいただいたアドバイスも、私の目を覚まさせてくれました。

私は、自分が家事のすべてを担うのは当然だと考えていました。だって、私が元妻さんとうまくやっていくことができていれば、今のような生活にはならなかったはずですから。

だからもし、私が、あんたたちも家事を手伝いなさいよ！　って息子たちに言ったら、「あなたが離婚して子どもに迷惑をかけてるんだから、あなたがやりなさいよ」って視聴者さんたちから叱られちゃうと思っていました。

でも、実際は逆でした。

私がYouTubeで家の中がめちゃくちゃな様子をアップしたところ、視聴者のみなさんからはこんなコメントをいただいたんです。

「もう子どもも大きいでしょ。何で手伝わせないの？」

このコメントには目からウロコが落ちました。

子どもたちももう小さくないんだから、遠慮せずに手伝ってもらえばよかったんです。ここでようやく、わが家で家事分担が始まりました。

子どもたちは家事分担をイヤがるだろうなと思っていたのですが、心配無用でした。**「分担しよっか」と言ってみると、みんな素直に「わかった」と言ってくれたんです**（もっと早く言えばよかった！）。

そして、「長男くん＝料理係」「次男くん＝猫のお世話係」「三男くん＝洗濯係」という役割分担が決まりました。

まあ、家のことなんてしたくない遊びたい盛りの子どもたちですから、「わかった」と言いつつもやっていないことはしょっちゅうあるんですけど（笑）。

それでも、おかげさまで今は本当にラクさせてもらっています。

料理とキッチンの洗い物は私がすることが圧倒的に多いですが、それ以外の家事を子どもたちでしてくれることが増えました。長男くんと次男くんは料理が得意な子に成長してくれて、助かっています。

私もYouTubeを始めたころに1カ月ダウンしたおかげで、それ以降、しんどいと思うことがほとんどなくなりました。

しんどいのは再生回数が伸びないときぐらいよ（笑）。

ワタシ、かつてはめちゃくちゃ短気だったのよね

今はだいぶ抑えられていますが、かつて、私にはめちゃくちゃ短気なところがありました。

もともとの性格が神経質で完璧主義だからか、他人の失敗が許せないんです。自分の価値基準から外れていることに対しても厳しかったと思います。

たとえば、会社の仕事で手を抜いている人を見ると、何でちゃんとやらないいんだ？　とイライラしたり、懇々と理詰めで叱っちゃったりしていたんです。

私のそんな短気は、わが家の3兄弟にも向けられました。

子どもたちが小さいころは、ちゃんと靴を揃えていないとか、ごはんをちょっとこぼしたとか、そういう些細なことで感情にまかせて怒ってばかり。

親である私が厳しくしつけないと、という考えがあり、必要以上に厳しくしていたと思います。

今振り返れば、当時は子どもたちが自分の思うような行動をしないことに対する「イライラ」と「しつけ」を完全にごっちゃにしていましたね……。子どもたちには本当にかわいそうなことをしたし、申し訳ないと思っています。

でも、そんな性格は会社で出会った年下の同僚のおかげで、少しずつ変わっていきました。

彼は私より1歳年下ですが、常に物事を俯瞰して冷静に見ています。彼と話していると、自分が怒ったり悩んだりしていることなんかホントくだらないな、と感じるようになりました。

自分の身の回りで起こっている問題なんて、長期的に見れば些細なこと、人間なんてそんな複雑なものじゃないよねと気付かされ、気持ちがラクになっていいったんです。

そのうちに、自分が少し楽天的になってきていることに気付きました。神経質で完璧主義なところは私の中にまだ残っていますが、何事に対しても、**「まあいっか、これぐらいできれば上出来でしょ！」**と思えるようになったんです。

子どもたちの失敗、他人の至らないところを寛容に受け止めることができるようになりました。

それに、そもそも自分だって足りないところがたくさんある人間なんだよな、ということにも気付かされたんです。


仕事と家事、子育てを全力でがんばりすぎて1カ月ダウンしたとき、この楽天的な考え方が身についてきたから、わりと早く立ち直れたのかもしれません。

すべてを完璧にこなさなければならない、という頑なな気持ちを1カ月で手放すことができて、本当によかったと思っています。

長男くんからの一言にグサッ！と心がえぐられたわ

私の神経質なところが少し和らぎ楽天的になってきたのには、もう1つ理由があります。まだ中学生だった長男くんから、〝ある一言〟を言われたのです。

長男くんを連れて、車で双子くんたちのサッカーの試合の送り迎えをしていたときのこと。

次男くんと三男くんが試合が終わってからも友だちとワイワイ遊んでいて、何度うながしても、なかなか車に乗ってくれなかったことがありました。

私は疲れており、だんだんイライラが募ってきて、最後は「早くしろ！」と大声を出して双子くんたちを怒鳴りつけました。

ようやく双子くんたちが車に乗り込んでも、私は文句タラタラ。**言うことを聞**

かない双子くんたちが腹立たしくて仕方なく、ずっと怒り続けていました。

するとそれまでずっと黙っていた長男くんが、誰に言うでもなく、ぼそっとつぶやいたんです。


「結局、お父さんが一番子どもだよね」


この一言はショックでした。人生で一番衝撃だった、と言ってもいいかもしれません。本当はこんなことを言いたくないのに、我慢し続けていた言葉がついにあふれ出てしまった——。**そんな長男くんの心の声まで聞こえてくるような、苦しげな一言でした。**

めちゃくちゃこたえました。しんどい思いをし続けてきた長男くんの気持ち、ずっと言えなかったことを言わせてしまったということへの後悔。いろいろな感情がこんがらがってしまって……。

それをズバリ、長男くんに突かれてしまったんです。**あまりに本質を突いた一**

言だったので、ぐうの音も出ませんでした。

帰りの車中では、私も子どもたちも押し黙ったままでした。家に帰ってからも動揺は止まりません。数週間ぐらい、長男くんの言葉をずっと引きずり続けました。

今でこそ、自分が悪かったなと思ったら「ごめん、言いすぎた」と謝れるのですが、このときはごめんと言う余裕すらなかったのです。

言葉で「もう言わないから」「ごめんね」と言ってもダメだ、**行動を変えることでしか、子どもたちに申し訳なかったという気持ちを伝えることはできない**と、このとき初めて感じました。

長男くんの一言が決定打となって、私の行動は少しずつ変わっていったんじゃないかと思います。今では「長男くん、言いたくないことを言ってくれて、ありがとう」という気持ちでいっぱいです。

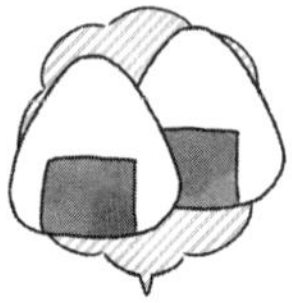

怒りのコントロールを身につけたの

これだけ短気な性格でしたから、私は怒りのコントロール、いわゆる「アンガーマネジメント」に興味を持っています。

何とかして、自分のイライラや怒りをうまく抑えられるようになりたい一心で、本やネットの記事を読み漁りました。

いろいろと調べてわかったのは、アンガーマネジメントのコツは**「すべては自分の気持ち次第」**ということ。

同じ出来事でも、それに対して「許せない！」と思うか、「まあいっか」と思えるかで出来事のとらえ方はまったく変わってきます。

「まあいっか」と思えれば、怒ることが減りますし、短気を起こすことも少なくなっていきます。

でも、言うは易《やす》く行うは難《かた》し！

アンガーマネジメントをしようと決意してからも、イライラを爆発させてしまって後悔することが幾度もありました。**頭ではわかっていても気持ちがついていかなかったんです。**

怒りを抑えられるようになったな、と思った途端に、めちゃくちゃ腹の立つ出来事があってまた爆発したり、イライラしたり。しばらくは、1歩進んで2歩下がるのくり返しでした。

でも、そのたびに、**かつて自分から理不尽に怒鳴られていた幼い子どもたちのことを思い浮かべるんです。**

きっと彼らは、私がイライラして大声を上げていたころのことをまだ覚えているでしょう。ひょっとしたら心の傷だって残っているかもしれません。

過去の自分の姿を思い出すと、感情のままに当たり散らしてホント最低な親だったな、とつくづく思います。

もうあんな自分になりたくないし、子どもたちともフラットに向き合い、素敵な時間を過ごしたい！　その一心で怒りを抑えることを今も心がけています。

子どもに足りない部分があるのは当然です。大人であり、親である私だって、全然完璧じゃないんですから。

子どもなんだから失敗したり、間違ったりしてあたりまえ。そんなふうに考えるのも、感情のコントロールに効果があります。

イラッとして何か言いたくなったら、グッとその言葉を飲み込む

感情にまかせて怒鳴りそうになったら、一拍置いたり、深呼吸したりする

そんな小さな努力を続けていくうちに、感情のままに怒鳴り散らすようなことはだいぶ少なくなったと思います。

アンガーマネジメントが少しずつできるようになると、家の中のことも完璧でなくていいやと思えるようになってきました。
だって、私がいくらキレイな状態を保ちたいと思っても、ズボラなオトコが4人いて好きに暮らしているわけです。

キレイに保つなんて、どだい無理に決まっているわ！

猫だっているわけだし、完璧なんてできるはずがないんです。
そんなふうに考えるようになってからは、人の失敗に対しても寛容になったと思います。でも、今でもときどきイラッとすることはあるので、ワタシもまだまだね。日々修行中です！

息子が3人もいるのに反抗期のなかったわが家

年の近い息子が3人、しかもそのうち2人は双子と聞くと、兄弟げんかの絶えない家を想像される方もいらっしゃると思います。

でも、「えかろ家」の子どもたちは、これまで一度もけんかをしたことがありません。

双子同士のけんかもなし。これってかなり珍しいことよね。

3人にはいわゆる「反抗期」もありませんでした。思春期といわれる10代の中頃になると、たいてい子どもたちは多かれ少なかれ、親の言うことに反抗するようになるんじゃないでしょうか。

ヒートアップすると怒鳴ったり、暴れたり、壁や物に当たり散らしたり、家出をしたり。

はい、ワタシにも思い当たるフシがありますわ（笑）。

あまりに不思議だったので、子どもたちに「何でキミたちは反抗期がないの？」って聞いたんです。そのときの子どもたちの答え、何だったと思います？

「だってさー、だるいじゃん」

親の言うことにイライラすることはあっても、それに反抗する気力はない、ということみたいです。

長男くんに至っては、「今思えば、宿題しなかったり、遅刻したりしていた高校生、大学生の途中までが反抗期だったのかも」とのこと。**「静かなる反抗期」すぎて、私が気付いていなかっただけみたい（汗）。**

とはいえ、わが家に反抗期らしい反抗期がなかったのは確か。反抗期がないと、家の雰囲気がとても穏やかです。

でも、子どもらしい反抗期がなかったことは、少し心に引っかかっています。おそらく、彼らがこうなったのは私と元妻さんにその原因があると思うからです。

私と元妻さんの夫婦げんかは、かなり激しいものでした。私たちが怒鳴り合いを始めると、子どもたちはすーっといなくなって、自分の部屋に避難していましたね。

きっと聞くに堪えなかったんだと思います。

私たちがそういう姿ばかり見せていたからこそ、彼らは「けんかなんて絶対にしない」「反抗期なんてバカらしい」と思って、兄弟で助け合って生活するようになったんじゃないでしょうか。

結果、とても穏やかな優しい性格になったのかもしれない、と想像しています。**いわゆる「反面教師」というやつですね。**

子どもたちにとって、兄弟げんかや反抗期がなかったことがよかったのか悪かったのかはわかりませんが、とにかく、今日も「えかろ家」は平和です!

ただし、次男くんは今でも、「オレにはこれから反抗期が来るんだよ!」と言っています(笑)。

子どもとは「友だち」になることを意識したの

しばしば「どうしたら、親子でそんなに仲良くなれるんですか？」と質問されます。私と息子3人が動画でたわいないことをお喋りしたり、ふざけ合ったりしているのが、外の方からはすごく不思議に見えるようなんです。

わが家ではそれが普通なのですが、確かに自分の実家に置き換えて考えてみると、あり得ないなあ、と思います。

父親が息子の私に友だちのように話しかけてくることはありませんし、私も父親に何でも相談することはなかったので……。

私が息子たちと友だちのように接するのは、先ほどお話ししたように、私がかって、子どもたちを感情にまかせて怒っていたことを反省し、それをやめようと決意したのがきっかけでした。

じゃあ、これから子どもたちとどう接すればいいんだろう？　そう考えて、**出した答えが「子どもたちと友だちになる」だったんです。**

親子関係を「上下関係」ととらえると、どうしても子どもの足りない部分ばかりが目について、親は子どもに対して口うるさくなりがちです。

そうならないようにするには、子どもと「上下」でなく、「横」の関係になればいい。つまり「友だち」のようになればいいのでは、と考えました。

子どもって、親の言うことは聞かなくても、仲のいい友だちの言うことなら素直に聞くんじゃないかと思います。親には言えない悩みも友だち同士なら打ち明けられますよね？

私も親の言うことを素直に聞く子どもではありませんでしたが、友だちの言うことには耳を傾けていたと思います。
そんな友だち関係を、親子の関係にも応用してみたらどうだろう？　って思ったんです。

子どもと友だちになるときのポイントがあります。**それは、「これは私（親）の意見だ」ということを前面に出さないことよ！**

親の言うことは聞かなくても、ネットに載っていることや友だちの言っていることなら素直に聞いてみようと考える子どもたちの心理にうまく乗っかっちゃうんです！

子どもたち同士、相手が欲しがっている情報を見つけたら「ここにこんなの載ってたよ！」「誰々がこう言ってたよ！」ってシェアし合っていると思います。この話し方を、親子の関係でも応用してみてください。

つまり、親として子どもたちに伝えたいことがあっても、それをそのまま伝えちゃいけません。

間違っても「□□□しなさい！」と「上から目線」で言っちゃダメです。友だち同士の横の関係ではなく、上下の関係になっちゃうからです。

「ネットに載ってたんだけどさ、○○○って□□□らしいよ」

こんなふうに、自分が伝えたい情報を、子どもが友だちと情報をシェアするように変換して伝えるのがコツです。

子どもを友だちと考えて接するのは、我ながらいいアイデアだったと思います。おかげで構えることなく、子どもたちに性教育やお金の教育もすることができましたし、子どもたちも素直に耳を傾けてくれました。

親子でもっとコミュニケーションを取りたい！　という方がいらしたら、ぜひ試してみてくださいね。

「ごめん」「ありがとう」を言うようにしてるわ

自分の短気なところを直したいと思うようになってから、「ごめん」と素直に言うことも心がけるようになりました。

親は家に私1人。私が感情的になってしまったら、家の中の雰囲気がめちゃくちゃ悪くなってしまいます。子どもたちが萎縮してしまったら、言いたいことを心の中にため込んでストレスがたまってしまいます。雰囲気はますます悪化してしまうでしょう。

だから「あ、言いすぎた！」「間違った！」と思ったら、**「ごめん！」とすぐ言うようにしています。**

親も人間ですから、間違えることもある。だから自分が悪いなと思ったら、親だろうが何だろうがとにかく謝るようにしています。**最近は、子どもたちに「ごめん」ばっかり言ってますね……。**

三男くんの大学受験のときは、久しぶりに私のイライラが頂点に達してしまいました。彼が夜遅くまで遊び回って全然勉強をせず、入試に必要なプレゼンテーションの準備もしようとしなかったからです。

ついにある日、理詰めで三男くんが言い返せないぐらいワーッと叱ってしまいました。

でも、よくよく自分の言ったことを考えると、**怒りの論点がずれているところもあるんです。**言い方に問題があったところもありました。そのことに気付いて、すぐに謝りましたね……。

子どもたちに対して素直に「ごめん」と言えるようになったら、「ありがとう」という言葉も自分の口から自然と出てくるようになりました。

お皿を下げてくれたら「ありがとう」
買い物をしてきてくれたら「ありがとう」

どんな小さなことでも、考える前に「ありがとう」の言葉が出てくるようになったんです。

すると、子どもたちのほうからも「ありがとう」の言葉が出てくるようになりました。子どもたちに勉強の習慣はつかなかったけれど、「ありがとう」を日常的に言う習慣は間違いなくついています。

「ありがとう」と言われてイヤな気分になる人はいませんよね。**「ありがとう」は、みんなが言われてうれしい魔法の言葉。**家族のあいだでも積極的に使うことをおすすめします！

「えかろ家」では今日も、「ありがとう」が飛び交っていますよ～。

子どもたちを尊敬する気持ちは忘れない！

3人の息子たちは兄弟げんかをしたことがなく、反抗期もなかったとお話ししました。

父親を遠ざけてもおかしくないお年頃にもかかわらず、私とたくさんお喋りしてくれますし、私が疲れているときは気遣ってくれたりもします。

こんな子どもたちなので、私は、息子たちを心の底から尊敬しています。父親はこんなに至らない人間なのに、こいつらは本当に出来がいいなって感じる瞬間がいっぱいあるからです。

怒ったり怒鳴ったりもせず、みんな穏やかでとっても優しい。がむしゃらにがんばったり、「何くそ！」と悔しくて発奮するようなことがないのがときどき不安にはなりますが。

けれども、感情に波がないことは、社会に出てから有利に働くんじゃないかな、と思ったりもします。

父親よりよっぽど精神年齢が大人。リスペクトしています。ワタシもいつか、あんなふうになれるかしら（笑）。

料理はえかろパパの母親譲り。「質素」が基本よ！

YouTubeでは彩りのあるお弁当のほか、ときどき凝った料理をアップしていますが、**普段のわが家の料理は「質素」が基本。**これは、岡山の実家に暮らす、私の母親の影響です。

うちの母親は、農家出身。そのためか、3食きちんと作ってくれていました。主菜も副菜も汁物もあって、どれも超薄味。子どものころはそんなに好きではありませんでしたが、今はときどき送ってくれる手料理を食べると、おいしいなあと心から思います。昔は「三角食べしなさい！」ってよく注意されたなあ。懐かしいです。

食に関してはぜいたくをする人ではなかったので、私も今ある食材をきっちり

無駄なく使って、作ったものは残さず食べることが自然と身についたと思っています。

ちなみに、うちの3兄弟は、おばあちゃんの作る田舎料理が大好き！

中でも、魚の煮付け、じゃがいもの煮付け、カボチャの煮付けみたいな煮物類が大のお気に入り。

今時の子どもなら、田舎の和食より、チェーン店の洋食やファストフードのほうが好きそうなものですよね。

でも、うちの子どもたちはみんなアルバイトをしていてお金には困っていないので、そういうものは普段から食べ慣れています。

だからこそ、田舎のおばあちゃんが作る料理を欲しているのかもしれません。**ひょっとしたら、お金で買えないものこそ尊い、と無意識にありがたみを感じているのかも。**

私の仕事や子どもたちの学校での活動、そこにコロナ禍も加わって、岡山に帰省する回数はここ数年、減りました。

けれども、子どもたちはおばあちゃんの味を食べたいらしく、ことあるごとに煮物作ってよ、とせがんできます。

ただ、母親の味の再現は難しいのよー！

おいしく作れたためしがありません。煮物は時間がかかるし、オトコ4人分を大鍋で大量に作るとうまく味が決まらないから苦手です。

私が作る料理の中で、子どもたちがいつも喜んで食べてくれるもの。それは「唐揚げ」です。

塩焼きそばの麺を買ったときについてくる粉ソースを使わずに取っておいて、鶏肉にまぶしてから唐揚げにするだけ。これで味がカンタンに決まるし、とってもおいしい！

焼きそばを買ってくるだけで、誰でも作れるわよ♡　よければぜひ試してみてくださいね！

調味料は何でもOK。時短アイテムも使います

「えかろ家」の食事は質素がベースなので、基本的に凝ったことはしません！こんなこと言ったら、視聴者のみなさんの夢を壊しちゃうかしら（笑）。調味料へのこだわりも全然ないんです。お出汁が必要なときは、液体や顆粒のお出汁を使っちゃいます。

醤油はこれ、みりんはこれ、というこだわりもゼロ。そのときどきのお値打ち品を選んで買っています。市販のめんつゆがあれば味がカンタンに決まるので、めんつゆにはかなりお世話になっていますね。

家の中に物が増えるのがイヤなので、今流行りの自動調理鍋のような時短アイ

テムは持っていません。私は物が増えるぐらいなら、ちょっと時間がかかっても普通に料理したほうがいいや、と思う価値観の持ち主です。

多くのご家庭で使われているフードチョッパー（みじん切りがカンタンにできる調理器具）も、わが家にはなし。手でみじん切りするほうが早いですし、チョッパーを洗う手間が省けると思っています。

スライサーは持っていて活用していますが、ピーラーは苦手。野菜を持つほうの手を切っちゃいそうで怖いんです……。

一度ピーラーだと思い込んで、キャベツの千切り用の道具を買ってきたことがあります。

それでニンジンの皮をむこうとしたら、刃が引っかかってギザギザになっちゃって、商品を間違えたことに気付きました……。

でも、ニンジンって皮をむかなくても食べられるんですね。**そのことを知って**

から、もうピーラーは買い直すことはしなくていいかな、って思うようになりました。

このようにチョッパーやピーラーは不要という私ですが、ノンフライヤー（油を使わずに揚げ物風の料理を作れる調理機器）をいただいたので、ありがたく使わせてもらっています。

油の片付けをしなくて済むし、何よりヘルシーなのがいいわ……。ダイエット中の長男くんも気兼ねなく食べることができて、大助かり。

前にもお話しした通り、わが家は育ちざかりの息子が3人もいるので、すごい量の食材が必要になります。週に1度は業務用スーパーで安いお肉を大量に買い込んでいるほど。

でも、毎日のお弁当や食事に使っていたら、すぐになくなっちゃいます！

帰宅してみたら、あると思っていたひき肉を誰かが料理して食べちゃってて、また買い出しに走る、なんてこともよくあるわね……。

食費は、厳密に計算したことがないのですが、月5、6万円。月1ぐらいの頻度で、家族全員で外食することもあります。

といっても、豪華なものを食べにいくわけではありません。

お腹いっぱい食べられる、チェーン店の回転寿司や焼肉食べ放題が圧倒的に多いです！

牛肉は封印。タンパク質多めの食材をチョイス!

自分の食にはこだわりのない私ですが、成長期の息子たちのためにタンパク質をしっかりとれる食事を作ることは意識してきました。**肉は、安くてお腹いっぱい食べられる豚肉や鶏肉を選びます。牛肉を買うことはほとんどありません!**

子どもたちは魚が大好きです。でも、魚って高いんですよね……。同じ量を買うなら肉のほうが魚より断然安いから、どうしても魚を買う頻度は低くなっちゃいます。

このあたりにも、実家の母親の食事が質素だったこと、ぜいたくを戒める面が受け継がれているなあ、と思います。

実家の母親の影響で、毎回の食事でなるべくたくさん野菜をとることも意識しています。

野菜の副菜はできるだけ添えるようにしていますし、袋ラーメンを作るときもほうれん草や玉ねぎはマストです！

それでも、うちの母親から見れば、野菜が少ないと思うみたい。先日は私のYouTubeの動画を見て**「カレーだけじゃ野菜が足りない！」**というＬＩＮＥが送られてきました（汗）。

それと、わが家には食事のときに必ずやっている、大切な「儀式」があります。料理ができあがったら、三男くんの「手を合わせてください！」の掛け声に合わせてみんなでバシッと手を合わせ、大きな声でいただきます！と言ってから食べ始めるのです。

この「儀式」は、当時、**まだ中学生だった三男くんがある日突然、「手を合わせてください！」って言い出したのが始まり**でした。

「手を合わせてください！」って、幼稚園や小学校でよくやっていますよね。食卓に料理が並ぶ光景を見て、三男くんは学校の給食の時間でも思い出したのでしょうか……。

三男くんの言葉に最初は驚きましたが、すぐにみんなで「面白いね」「これからも言っていこうよ」と大盛り上がり！

それからというもの、この「儀式」はすっかりわが家に定着しています。子どもたちには、いろいろなことを教えてもらっているなあ、と感じる毎日です。

料理を作るのは苦にならないと言いつつも、やっぱり私もサボりたくなることはあります。

それでも、子どもたちが「うまっ！」と笑顔で言うのを見たら、疲れも吹き飛びます。

今日もみんなの「うまっ！」が聞けて、お父さんは幸せです。

第3章

上昇志向ゼロ!? 悟り3兄弟 それぞれの日常

個性あふれる3兄弟の実態をご紹介！

ここからは、わが家の3兄弟のリアルな生態をご紹介していきましょう！

A型で優しくていい子、というのは3人全員に共通する特徴ですが、やっぱり三者三様！

長男くんは頭が良くて、食べることと読書が好き。
双子くんたちは顔こそ似ているけれど、個性はそれぞれ。全然違います。
私に似ず、よくできたかわいい、わが家の子どもたちです。

長男くん 編

頭が良くて本が好き。
超ズボラな
絶賛ダイエット中のオトコ

プロフィール

● 長所

すごく優しい。大らか。
頭がいい。料理上手。

● 短所

超ズボラ。
先のことを考えない。

料理が得意で食べるのが大好きな長男くん

トップバッターは21歳、大学生の長男くんです。長男くんは高校卒業後、私立大学に進学。映像専攻なので、YouTubeの編集なんてお手のもの。……のはずなのですが、**なぜか「バイト代を出すから」と言っても、わが家の動画は編集してくれないのです、グスン。**

家事分担では、料理係。

食べるのが大好きで、料理がとても上手。私の余裕がないときや手が足りない場合は、イヤな顔ひとつせず手伝ってくれます。

YouTubeを見ながら、結構凝った料理や、一度聞いただけでは名前の覚えられないようなスイーツを作ってくれることも。

私が仕事や家事、子育て、YouTube撮影を全力でやりすぎて1カ月ダウンしたときも、**長男くんが弟たちの食事の面倒を見てくれていました。**本当に感謝しています。ありがとうね。

長男くんは、3兄弟の中で一番の偏食。フルーツは一切ダメ。まったく受け付けない！　生のトマトや梅干しも大嫌いです。一方、双子くんたちは好き嫌いゼロ。フルーツ大好き。極端ですね〜。

長男くんは、油断していると目の前にあるものを全部食べてしまう、いわゆる「食い尽くし系」でもあります。

大皿料理を出すと、うまいことを言いながら自分の皿に一番たくさん取り分けます（笑）。ホント、食いしん坊なんです。

でも、双子くんたちは長男くんよりは食が細いから、けんかにはならず、絶妙なバランスを保っています。

大らかで優しい子。頭が良くて読書好き

そんな長男くんは、とても大らかで優しい性格です。**「動かざること山の如し」の言葉がぴったりで、物事に動じない。**

その反面、面倒くさがりで、のんびりしていて、後先考えない、という短所も。長所と短所が、見事に表裏一体なんです。

子どものころは「神童」と呼ばれるほど、頭のいいしっかり者だった長男くん。幼いころから本好きで、ヒマさえあれば「ハリー・ポッター」シリーズなどの本をずーっと読んでいました。

速読ができるようで、1冊を読み終えるのがめちゃくちゃ速いんです！

今も活字好きは変わりません。夜のウォーキング中にも、スマホで小説を読みながら歩いています。

現在は、もっぱらラノベにハマっている様子。**そう、長男くんはオタクでもあります。**

勉強は特段好きではないのですが、ガリ勉しなくても成績が良く、塾では当然のように特進コースへと振り分けられていました。

小学校受験をして、国立の小学校と中学校へ。その後は、公立高校に進学しました。

長男くんへの期待？
それとも親のエゴ？

そんなお勉強のできる子だったので、元妻さんと私の期待は高く、長男くんは小さいころからかなりの量の習い事に通っていました。

塾以外には、英会話、水泳、体操、バスケットボール、そろばん、公文……。

どんだけやるんだ？　ってほどたくさんやっていました。

私も子どものころ、姉が習っているからといってエレクトーンを習わされたのがすごくイヤで、レッスンの日はいつも逃げ回っていました。

今でこそ、子どもたちが嫌いなことは無理にさせなくてもいいんじゃないかと思うようになりましたが、当時は期待ばかりが先走ってしまって……。

長男くんはスポーツ全般が苦手だし、嫌いです。だから、習い事に行っても途中で逃げ出したり、行かなかったりすることが増えて、**最終的には全部やめてしまいました。**

親のエゴでイヤなことをさせて、かえってスポーツ嫌いがひどくなってしまいました……。申し訳なかったと思っています。

もともとしっかり者で真面目だった長男くんは、中学生の途中から学校の宿題をしなくなり、忘れ物が増えました。

学校から電話がかかってくるほど、何にもしなくなったんです。

叱ると、そのときはわかった、と言うのですが、次の日になるとやっぱりやらない。それを今に至るまでずーっとくり返しています。

キャンプの最中にわかった「〇〇決定」

じつは長男くん、この超ズボラがエスカレートした結果、「留年」することになってしまいました。

どうやらコロナ禍をきっかけに、通学に時間のかかる大学へ行くのが億劫になり、単位が足りなくなった様子……。

全授業がオンラインのときはまだよかったんです、家にいれば授業が受けられますから。でも、感染状況が落ち着いてくるとオンラインの授業に加えて、対面の授業も始まり、1日のうちに両方が混在するようになりました。

すると、1コマの対面授業のためだけに大学へ行くのが面倒になったようです。

家から長男くんの大学まで行くのに2時間かかりますから、億劫になる気持ちはわかります。

……わかるけど……それで単位を落とすと

いうのはどうなの!?

うちは双子くんの学費もあって苦しいのは

わかってるでしょぉお……!

と正直、腹立たしく思ったのも事実です。長男くんのズボラもここに極まれり、の出来事でした。

私が留年を知ったのは、大学から親宛てに送られてきた封書によってでした。

そこに「留年」って書いてあったんです。

もう、「怒髪天を衝く」とはこのことです！　**せっかく身につけたアンガーマネジメントが効かないくらい、このときはカッとなりました……**。

「学費、自分で払うか大学辞めるか、どっちか選んで」。私がそう迫ると、本人は泣きながら「払う」と言います。

彼のこれからの奮起に期待して、とりあえず学費は払ってあげました。けれども、**長男くんのバイト代は、大学に通う定期券代を残して差し押さえしてますっ！**　これくらいあたりまえよね！

それにしても、本人ののんびり加減には、あきれてしまいます。長男くんが大学から留年決定を知らされたのは、**私に封書が届くより半年も前だったんです。**

しかも、よくよく聞けば、家族全員で夏休みにキャンプに行った当日だったとか。みんなで川で釣りをしたり、川岸でバーベキューを楽しんだりしているまさにそのとき、**長男くんのスマホに大学から留年決定を知らせるメールが届いていたのです。**

しかし、私はまったく気付きませんでした。長男くんは何事もないかのように普通にキャンプを楽しんでいるし、何も言いませんし……。

でも、内心では「やべえ！　どうしよう？」とパニックで、テンションだだ下がりだったそうです。

おそらく、留年が正式に決まるまでにレポートの再提出や追試など、何らかの「救済」のチャンスはあったんじゃないかと思います。

それでも、死にものぐるいで留年回避の行動を取ることはなく、あっさり留年した長男くん。


「仮に、お父さんから怒られて退学することになっても何とかなる」

「ワンチャン、お父さんが学費をもう1年出してくれるかもしれない」


という気持ちで、この半年ほどを過ごしてきたのかもしれません。

このあたりの「必死さ」のなさ、「何とかなるでしょ」と言わんばかりののん

びりしたところは、私には理解不能です……。

こんなふうに子どもが親を心配させるとき、親ってつくづく、「子どもの奴隷」だな、と思います。

勝手にしろ！　と言いたいけれども、勝手にされたら、こっちが尻拭いをしないといけません。

結局は、心配になって口を出したり、お金を出したりしてしまう。どっちにしても「奴隷」だなあ、早く解放されたいなと思うことも正直、ありますね。

子どもの自主性を育てる難しさを日々感じています。

あるとき長男くんに、「このままだと就職が大変になるかもよ。将来どうしたいの?」と聞いたことがあります。そのときの彼の答えはこうでした。

「六畳一間の部屋で、ごはんさえ食べられれば何でもいい」

こんなふうに長男くんを筆頭に、わが家の子どもたちは上昇志向とか将来の夢とかがほとんどないんです。逆に私は、かつて出世欲バリバリのオトコだったので、不思議で仕方がありません。

でも、子どもと親は所詮、別人格です。

昭和生まれの自分の感覚と、今の子どもたちの感覚は違ってあたりまえ。人様に迷惑をかけたり、法律を破ったりするようなことさえしなければ、自由に生きていってほしいと思っています。

長男くんのダイエット事情を暴露するわね

長男くんは今も超ズボラで、外に出ることがあまりなく、汚い部屋でだらしない生活を送っています。そのズボラっぷりは、「あんなに怠惰な生活をさせてていいの？　お父さんはお兄ちゃんには甘いよね」と双子くんたちから言われるほどです。

引きこもりみたいな生活をしているのに、食べることは大好きだから、長男くんの体重はどんどん増加。**その結果、一時は体重が１００キロを超えてしまったのです！**　そんな長男くんは今、ダイエットの真っ最中よ！

さすがに１００キロを超えて本人もまずいと思ったのか、1年半ぐらい前に、初めてダイエットをスタート。大量に食べていたお菓子をやめて、ご飯や麺類といった炭水化物の代わりに豆腐を食べています。

食事制限だけでなく、夜にスマホでラノベを読みながら、30分〜1時間ぐらいひたすらウォーキングもしていました。

その結果、3カ月で10キロやせることに成功！　……したのですが、その後、リバウンド。**それをくり返していて、現在3回目か4回目のダイエットブームが来ているところです。**

長男くんの変化は他にもあります。双子くんが洋服の話をしているのを聞いたり、三男くんに彼女ができたりした影響からか、「オレは興味ない」って顔をしていた洋服にも関心が出てきている様子なんです。

でも、何を買っていいか自分ではわからないので、洋服を買いにいくときは必ず私を誘ってきます。

長男くん、もう少し体を絞って、オシャレも少しはしようね！

そんな長男くんは昨年、20歳を迎えることができました。

ハタチの誕生日には、私の手づくりの照り焼きチキンバーガーと長男くんの好きなチョコレートケーキでお祝い。**初めてビールで乾杯したのよ！**

1月の成人式は行ったら？　とすすめたのですが、超ズボラなので面倒くさがって行きませんでした。

その代わり、成人の日の当日は家族全員、白Tシャツとデニムでキメて、写真スタジオで記念撮影したんですよ。スタッフさんが盛り上げてくれて、わちゃわちゃしながらの楽しい撮影になりました！


楽しかったこと、ツラかったこと、いろいろあったけれど、よく20年生きててくれたと思います。**うちの子に生まれてきてくれてありがとうね！**

大学生活も終盤。頼むから、しっかり卒業してくれよ〜！

次男くん 編

チャレンジ精神旺盛で
料理が得意。
気遣いができる優しいオトコ

プロフィール

長所

チャレンジ精神あり。
料理上手。気遣いができる。
すごく優しい。

短所

大きくなってから、
ちょっぴり引っ込み思案に。

オムライスやスイーツが得意。気遣いのできる優しい子

続いては双子の兄、次男くん（18歳）を紹介します！　次男くんは、2024年4月からは大学生。家事分担は、わが家で飼っている2匹の猫、ミルクとココアのお世話係です。

チャレンジ精神がとっても旺盛で、いろいろなことに興味を持つ次男くん。料理や家のDIY、YouTubeの撮影にも前向きです。

次男くんは長男くんと同じく、料理が得意。三男くんは、次男くんの作るオムライスの大ファンです！　次男くんは家族のために、おいしいオムライスやチャーハンをささっと作ってくれます。

父の日の晩ごはんに、でっかいハンバーグを乗せたオムライスを作ってくれた

こともありました。**もちろん、涙が出るほどおいしかったわよ♡お菓子づくりも得意です。**ホワイトデーにはお返しのカップケーキやマカロンを作って学校に持っていったこともありましたね。

次男くんは落ち着いた性格で、気遣いのできるとっても優しい子です。

先日、私がインフルエンザにかかってベッドでのたうち回って苦しんでいたときは、**ときどき部屋のドアを開けて様子を見てくれていたそう。**朝起きたらおでこに冷えピタが貼ってあり、脇にはアイス枕が挟んでありました。

誰がしてくれたのかな？　と思って聞いてみたら、次男くんでした。どうしてそんなことしてくれたの？　と聞くと、「しんどそうだったから」と。

ホント、いい子なのよ（親バカ）。

三男くんに引け目？ ちょっぴり引っ込み思案に

子どものころはまったく人見知りせず、物怖じしない子で、チャレンジ精神が旺盛、興味を持ったら何でもすぐやってみるようなところがありました。
そんな性格に少し変化が現れたのは、中学校に入ってからだったでしょうか。**優しい性格はそのままに、すごく気遣いをするようになったんです。**

大人でもなかなか難しい気遣いができるというのは本当に素晴らしいと思います。**ただ、気遣いができるということは、人の様子や顔色を普段からよく見ていることの裏返しです。**

その結果、ちょっぴり引っ込み思案で遠慮がちな面も顔をのぞかせるようになりました。以前の次男くんからは考えられないことです。

なぜ性格が変わったのかな、と考えてみました。これは私の想像にすぎませんが、年を重ねて成長していくうちに、**同じ年、同じ学校で、同じスポーツをやっている三男くんと自分との違いを否応なく目の当たりにすることが増えたからじゃないか**、と思います。

三男くんは、次男くんよりめちゃくちゃ努力しているわけではないけれども、何でもそつなく、器用にこなしちゃうタイプです。

次男くんと三男くんは、ともに年中さん（4歳）のころからサッカーをしていて、三男くんは最初から結構うまかった一方、次男くんはそこまで上手ではありませんでした。

サッカーが上手じゃない子はだいたいキーパーをまかされるのが所属チームの伝統で、次男くんはキーパーに。口には出さないけれども、おそらくピッチの真ん中でプレーする三男くんに、次男くんは引け目を感じていたんじゃないかと思います。

高校受験も、そんな性格に拍車をかける出来事になりました。

2人は同じ公立の高校を受験したのですが、次男くんは不合格になり、三男くんのほうだけ合格したんです。2人ともそんなに勉強をするタイプではないのに、三男くんだけ合格して、自分は落ちてしまった。次男くんは相当ショックを受けて、しばらく落ち込んでいました。

そりゃそうですよね。家の中に、同い年で同じ高校に合格した子がいるわけですから……。

私と元妻さんの関係も、次男くんの性格に影響を与えたのでは、と思います。かなり激しい調子でけんかをしていましたから、大人や他人の顔色を敏感に察知する子どもになったのでしょう。

同じ日にアルバイトのシフトを入れるくらい2人は仲良し！

次男くんが少し引っ込み思案になったかなと思うのは、物事を決めるときに、必ず三男くんに意見を求めるようになったからです。洋服や髪型のような些細なことでも、必ず三男くんに「何着たらいいかな?」「この髪型どう?」と相談しています。

きっと、三男くんに引け目を感じながらも、「あいつすげえな」と尊敬しているのでしょう。だからふて腐れることなく、三男くんと兄弟げんかをすることもなく、仲のいい兄弟でいられているんじゃないかと思います。

次男くんは、中学生になるとサッカーをやめてバドミントン部に入りました。

高校に入ってからは、ファストフード店でアルバイトをしています。

最初は某回転寿司チェーンのお店で働いていたのに、そこを辞めてわざわざ三男くんと同じファストフード店に移ったのです。

しかも、同じ日にシフトを入れています。どんだけ仲いいんだ？　とわが子ながらびっくりです（笑）。

それだけ、三男くんを信頼しているのかもしれませんね。

先に合格しても喜びすぎない、三男くんを気遣う優しさ

　こんなに三男くんべったりの次男くんは、大学受験では三男くんに先駆けて合格を手に入れました。真面目に高校生活を送っていたから、指定校推薦をもらうことができたんです。高校受験のことがあったから余計にうれしかったんじゃないでしょうか。**本人も少しは自信を取り戻したはず！**

　ただ、合格発表当時、三男くんはまだ受験をしていません。だから次男くんは喜びを爆発させず、静かに喜んでいました。

　私がお祝いしよっか？　と言っても、「あいつ（三男くん）が受かってないからまだしない。お父さん、あんまり喜びすぎないようにね」ってこちらが釘を刺されたくらい。そう、次男くんは本当に優しい、いい子なの（涙）。

三男くん 編

高校で一転「陽キャ」に。
何でもそつなく
こなすオトコ

プロフィール

● 長所

周りをよく見ていて気が利く。
何でもそつなくこなす器用さがある。

● 短所

生活がちょっぴり乱れがち。
料理は苦手。

勉強もスポーツもそつなくこなす器用な末っ子

最後は双子の弟でわが家の末っ子、三男くん（18歳）の紹介です。三男くんも次男くんと同じく、2024年4月から大学1年生。

受験直前になってもまったく勉強をスタートさせる気配がなく、親としてはかなりやきもきさせられましたが、次男くんに少し遅れて、大学合格の吉報を受け取ることができました！

長男くんや次男くんと違って料理の苦手な三男くんは、家事分担では洗濯係。洗い上がりの洋服が常に不足しているわが家では、責任重大です！

三男くんは、子どものころは引っ込み思案で恥ずかしがり屋。お母さん大好きで、お母さんの後ろにいつも隠れているような子でした。

年中さんになって、次男くんとともにサッカーを始めると、特に努力している様子はないのにどんどん上達していきます。中学時代には市の代表にも選ばれたんです！

幼いころから、スポーツでも勉強でも、そつなくこなす器用な子だったわね……。

でも、サッカーには全然こだわりがありませんでした。日本代表の試合をテレビでやってるよ、と声をかけても、ゲームに夢中で見向きもしないんです。

高校入学後も当然サッカーを続けると思っていたら、あっさりやめちゃいました。

部活には入らず、ファストフード店でのアルバイトを始めたんです。

何でサッカー続けないの？　と聞くと、「もっとうまい子なんて、いっぱいいるじゃん。オレなんて全然だよ」と妙に悟ったことを言う。

冷静というか、達観しているというか……。

高校受験では、普段それほど勉強しないのに、直前にすごい集中力を発揮して合格を勝ち取りました。

次男くんの不合格がわかったときは、「受験当日から『オレダメだったかも』って言ってたから、あんまり怒らないであげてほしい」と私にフォローを入れてきたんですよ。

うちの子どもたちって、どれだけ優しいんだろう、ってちょっとウルッときちゃいましたね……。

アルバイト先では、三男くんはスタッフが技能を競い合う大会の選手に抜擢されて出場しています（のちに次男くんも選手に引き抜かれました）。

さすが、何でもそつなくこなすオトコです。

三男くんに「遅い反抗期」がやってきた！

中学生まではサッカー一筋で浮いた話もなく、どちらかというと「陰キャ」な三男くんでしたが、高校に入ると一変！　**性格が明るくなり、社交的な「陽キャ」にチェンジ。**

友だちと外に出ることが増え、門限ギリギリの時間に帰ってくるようになりました。

中学生までは時間に遅れたりすることのない真面目な子でしたが、夜遅くまで遊ぶせいで遅刻が増え、学校から遅刻指導が入るほど生活態度が乱れちゃいました……。

やんちゃをするのがかっこいい！　と思っているようです。

ワタシはこれを、「遅れてきた反抗期」と呼んでいるわ。

中学生までサッカーばかりでしたから、高校ってこんなに楽しいのか！　と気付いてしまってハメを外したんでしょう。

まあ、家で取っ組み合いのけんかをしたり、暴言を吐いたりするわけじゃないから、反抗期といってもかわいいものです（笑）。

彼女はなんと〇〇〇〇にそっくり!?

高校に入って、三男くんには彼女ができました。私が友だちのように接していることもあり、わりと彼女の話もしてくれますし、いろいろと相談もしてきます。

ある夜、三男くんが彼女の写真をスマホで見せてくれました。

が、あまりにも顔が元妻さん（彼らにとってのお母さんね）に激似で、家族全員が衝撃を受けました！

元妻さん本人か!?　と思うぐらい目元が似ているんです。**やっぱり、三男くんが一番お母さんっ子なのかもしれません。**

ワタシ、一度、彼女にお会いしたこともあるんですよ。

たまたま家にいるときに三男くんから電話がかかってきて、「今、家の前にいるんだけど。会う?」って言うんです。

もちろん、「会う会う! すぐ行くから!」って言って、家族全員で外に出ていったら、彼女はびっくりしていましたね(笑)。

でも、すぐに「えかろ家」のみんなを受け入れてくれて、楽しくお話しさせてもらいました。

先日は外にいる三男くんからＬＩＮＥが来て、「今、家の近くにいるんだけど、彼女を家に上げてもいい？」とのこと。

親や兄弟の留守中にこっそり連れてきたりせずに、ちゃんと家族に許可を取ってから彼女を連れてくるなんて、どんだけ根回し上手なんだろうか……。

きっと三男くんは将来、仕事ができるオトコになるんだろうなあ、って勝手に思っています。

なかなかスイッチの入らない大学受験でハプニング連発！

何でも器用にこなす三男くんですが、親としてハラハラさせられたのは大学受験でした。次男くんと同じ大学を受験することに決めて総合型選抜入試（旧ＡＯ入試）を受けることになったものの、全然勉強しようとしないんです……。

試験の内容は8分間のプレゼンテーション。本番1週間前になっても志望動機は書いておらず、プレゼンテーションのテーマすら決めておらず、もちろんスライドの1枚も完成していませんでした。

それなのに友だちと遊んで夜遅くに帰ってきたりするものだから、私のイライラは頂点に！

本番1週間前の晩ごはんのときに、やる気スイッチを入れるべく、珍しく本気で叱ってしまいました。

親だけ焦って、本人がのほほんと余裕をかましているのが信じられなかったんですよね……。

気まずい晩ごはんを終えたあと、私と三男くんはプレゼンテーションの準備に取りかかりました。1人にしておくと本当にやらないかもと心配になり、その日は夜遅くまで付き合いました。

テーマを決め、調べ物をしながら三男くんとプレゼンテーションを練り上げていったんです。**気付けば、夜中の2時半！**

親が手出しせずとも、自ら行動できるように育てるべきだったと私も反省しています。

でも、三男くんはその後、持ち前の集中力を発揮して見事合格しました！ 発表の瞬間は2人で抱き合って泣いて喜びましたね。落ちてもおかしくないと思っていたので……。

本気で叱ったこと、遅くまでプレゼンテーションの練習をするところに夜食を持っていったことなど、いろいろなことが思い出されます。

これから、次男くんと三男くんは同じ大学に通うことになります。

2人とも、特に勉強したいものがないと言うので、家でYouTubeやってることが武器になるんじゃない？　こういう学科があるよ、とメディアとビジネスについて学べるところをすすめたんです。

そうしたら、「じゃあそれで」と2人ともあっさり同じ大学を受けることを決めました（笑）。

進路を決めるのにこんな安直なやり方でよかったんだろうか、と思わないでもありません。

でも、私自身も今の仕事（本業）を何が何でもやりたくて入社したというわけではなく、何となく選んだ仕事です。

そう考えれば、お父さんがYouTubeをやっている、世間で流行っているというのも進路を選ぶきっかけや理由になっていいのではないかと思うようになりました。

大学生になったら、もう私が手伝ってどうなるものでもありません。三男くん、これからは自分でちゃんと勉強するのよ！

〈番外編〉双子くんたちのアルバイト・お金事情

ここで、双子くんたちのアルバイト事情とお金事情についてもちょっと説明するわね♡

彼らは学校が終わるとアルバイトに行き、晩ごはんを食べる時間までには帰ってきます。

詳しく聞いたことはないのですが、毎月7、8万円ぐらいもらっているんじゃないでしょうか。スーパーのレジでアルバイトしている長男くんより、ずっと稼いでいると思われます。

だから、わが家ではお小遣いはあげていません。だって、私より使えるお金がいっぱいあるんですもの（涙）。それで好きなものを買ったり、外食したりしています。

土日に子どもたちに今日何食べる？　と聞くと、「さっき、寿司食べてきたからいらな〜い」とか言われます。

ぜいたくだなあと思う一方で、子どものお金だし、お好きにどうぞ、と思う自分もいます。

バイト代で、好きなブランドの洋服も買ったりしているようです。ユニクロは着たくないんですって。

ユニクロも私から見れば十分にオシャレなんですけどね。年頃の男の子の感覚はわかりません……。

スマホ代はもちろん自分たちで払わせているわよ。

高校生のうちからアルバイトをしたら勉強がおろそかになるんじゃないか、分不相応のお金を持つことで悪いことに使うんじゃないかと心配されている親御さんは多いのではないでしょうか。

私も、双子くんたちからアルバイトをしたいと言われたときは、同じような心配をしたものです。

でも、実際にアルバイトを始めてみるといい影響のほうが多くて、それほど心配することはなかったというのが正直なところ。

周りに社会人や大学生がたくさんいるので、仕事や大学の話を聞けて将来をイメージする助けになっているようです。

礼儀も身についたと思います。

お金を稼ぐことの大切さを実感したようで、10代のうちから貯金や投資を始める、いいきっかけにもなりました。

アルバイトが禁止の高校もあると思いますが、**条件や環境が許せば、高校生のうちからアルバイトをするのも悪くないのでは。**

私自身は、子どもたちが学校の授業や部活ではできない学びや経験をさせてもらえてよかったなと感じています。

第4章

親が
仕事と子育てに
押しつぶされない
ために

典型的な昭和の家族の中では異端児だったの

第4章では、僭越ながら、仕事と子育てを両立するための私なりの考え方をお伝えしていけたらと思っています。私と同じようなひとり親の方、現在進行形で仕事と子育てに奮闘している方のお役に立てたらうれしいです！

なぜ私がこう考えるようになったかを知ってもらうためにも、まずはカンタンに私の生い立ちからお話ししていきますね。

私は岡山の出身で、実家は今も岡山にあります。

うちは「ザ・昭和の家庭」でした。厳格で口数の少ない公務員の父親、農家出身の母親、1歳違いの姉、私の4人家族です。

父親はお喋りではなく、物静かな人です。父親から叱られたり、勉強しろと口うるさく言われたりしたことはほとんどありません。

母親はとても愛情の強い人です。その裏返しで、私から見れば束縛が強すぎると思うこともときどきありました。子どものことを心配しすぎるあまり、口を出さずにはいられなかったんだと思います。私や姉には「公務員になりなさい」と何度も言っていました。

姉はとても真面目な性格で、いわゆる「本の虫」。ヒマさえあれば、ずーっと本を読んでいるような人で、学校の通信簿はオール5。塾にも通わず、しれっと国立大学に受かるような姉でした。

とにかく、私以外はみんなすごく真面目で、どちらかというとお堅い家でした。

そんな中、私は風呂上がりにスッポンポンで走り回ったり、志村けんのマネをずっとやり続けたり、歌を歌ったりするような、ちょっとヘンな子。「あんたはずうっと喋りょうるな～」と母親から言われたこともあります。

今思えば、あの家ではかなり浮いた「異端児」でした。

ちなみに、自分は運が悪いなあ、と思うことがよくあって、昔はよく犬に噛まれていました。**しかもリードを着けている飼い犬に！**

こちらが手を出したり、ちょっかいを出したりしたわけでもないのに、歩いていると犬に突然噛まれる（泣）。自分ばかりそんな目にあってきたから、じつは犬や猫など、動物はあまり得意ではありません……。

今、わが家で飼っている猫のミルクとココアは、元妻さんが知り合いの家で生まれた子猫を事前の相談なしにもらってきたものです。

すでに譲り受けたあとだったし、子どもたちがかわいがっていたので受け入れるしかない！　と腹をくくって飼い始めたんです。でも、私も今ではすっかり2匹に夢中。マイペースなわが家の猫たちを見ているとホント癒されるんです。**自分でも意外だったけど、今では、猫っていいわね♡　って思っています。**

大学卒業後、すぐに結婚。そして父子家庭に

元妻さんと出会ったのは、大学生のとき。アルバイト先で出会って付き合い始め、就職1年目、23歳のときに結婚しました。友人たちの中でもかなり早い結婚でしたね。

大学卒業後は、ある会社に就職します。全国に支店を持つ、わりと大きな会社です。新人研修後、私は地元の岡山の支店に配属されることが決まっていました。でも、現在の社長が当時の教育担当で、私に関東で仕事をしないかと声をかけてくれ、**急遽、関東の支店に配属されることが決まったんです。**

そのころの私は出世欲にあふれており、関東で働けることに対してかなり魅力を感じていました。出世するなら岡山より、関東で働くほうが断然近道なんじゃないかと思ったからです。

せっかく与えてもらったチャンスに乗りたい！　と考えました。

ところが、元妻さんは慣れ親しんだ地元・岡山を離れたくなかったんです。関東には友だちもいないし、子どもが生まれたら、私が仕事に出ている昼間は1人で子どもの面倒を見なければなりません。

心細い思いもあったんでしょう。

けれども、私は関東で働くことに決めました。元妻さんも最後は理解してくれて、関東にいっしょについてきてくれたんです。

ただ、関東に移ってきてから、たびたびけんかをするようになりました。私としては、自分も家事をかなりやっているほうだと思っていましたが、**いかんせん、**

仕事が中心の「仕事人間」。元妻さんは家事を全然やってくれないと、不満を抱いていたんです。

男の子が3人、しかも、うち2人は双子でしたから、私がいくら家事をやっていると言っても足りないぐらい苦労をしたんだと思います。

こうして、元妻さんとの亀裂は埋まらないまま、年月とともに、むしろ深まっていきました。

最終的には離婚して、別々の道を歩むという結果に。「えかろ家」はついに、父子家庭となったのでした。

その後の生活については、ここまでお話ししてきた通りです。

昇進しても幸せじゃなかった!? ワタシから出世欲が消えたわけ

かつて出世欲バリバリで、元妻さんの反対を押し切ってまで岡山から関東に出てきた私。同期との出世レースに一生懸命で、会社の中で「将来は社長になる！」と口に出して言うこともあったほどです。

でも、そんな出世欲は今、ほとんど消えてしまいました。いろいろな経験や人との出会いを通して、少しずつなくなっていったんです。

出世欲が消えた理由はいろいろありますが、中でも大きな理由は会社で「出向」になってしまったことです。初期の動画でも何度かネタにしているので、見てもらえたらうれしいわ♡

私はどちらかというと、人より早く出世することができました。大きな権限を持たせてもらえるようになり、一時期は部下の数も100人を超えていたんです。ただ、出世しても、給料がものすごく増えるようなこともなく、それほど幸せを感じることもありませんでした。

出世したら幸せになれると思っていたけれど、そうでもなかったので、「あれ？」と拍子抜けしました。

そんなある日、仕事上で私と上司と経営陣とのあいだでコミュニケーションの行き違いが発生します。

その結果、私がその責任を取って出向することに……。上司が私の動きについて経営陣に話を通していなかった、というのが理由でした。

出向の影響は非常に大きく、私は次第にストレスを感じるように。組織で働くことの厳しさを40歳を過ぎてから痛感させられました。

ちょうどそんなときに、YouTubeと出合います。動画でわが家のお弁当や晩ごはんづくり、子どもたちとの生活ぶりを発信するようになりました。

動画の内容は自分で決められます。いい動画なら評価されますし、大した動画でなければそれなりの評価しかもらえません。

自分の裁量で、やってみたいと思ったアイデアは何でも試すことができますし、結果も全部、自分に返ってくる。**このYouTubeの世界観が自分の性分に合っているなと感じました。**

と同時に、こんなに違う働き方もあるのかと目が覚めた気がしました。会社がすべてだと思って生きてきたけれど、そうじゃないんだ、と。**世の中にはさまざまな働き方や生き方があり、評価軸があるんだ、と今さらながら理解できた気がします。**

自分の裁量が大きく、自由なYouTubeの世界に、私はどんどん引かれていきました。

そのうち、会社だけにとどまっていてはもったいない、もっといろいろな人に出会ってたくさん話を聞いてみたい、やったことのないことにチャレンジしてみたいという思いがどんどん膨らんでいったんです。

YouTubeなんて、いつなくなるかわからないよ、と言われることがあります。

でもそれって、YouTubeだけではないと思いませんか？

会社も同じです。いつなくなるか、このまま同じ働き方を続けられるかはわからないよね、と私は思っています。

今の時代は、私の親たちが育った上り調子の昭和の時代と、まったく違います。どんなに大きな会社でも、いつ合併や買収、倒産によってなくなってしまうかわからない。会社に勤めていさえすれば安泰。そんな保証はどこにもないんです。

それなのにYouTubeの仕事は否定されて、会社員だけが肯定されることはないんじゃないかな、と私は思っています。

職場でいっしょに働いている「年上の後輩」、Yさんの存在も、私に幸せって何だろう？　と考えさせる後押しになってくれたと思っています。

Yさんは私より年上ですが、社歴で見れば私の後輩です。

仕事がすごくできる人というわけではありませんが（笑）、**いつもめっちゃ幸せそうなのよね～**。

毎月、必ずどこかに旅行していて、「えかろさんも早く旅行行ったほうがいいっすよ！」と言いながら、旅先での楽しい話を聞かせてくれちゃったりして。

そんな彼の姿を見ているうちにあれ？　っと思ったんです。

自分は彼よりも出世しているはずなのに、彼のほうがずっと幸せそうなのはなぜなんだろう、と。

私は、これまでの人生で旅行に行ったことがほとんどありません。お金もかかるし、準備が大変そうなのでずっと避けてきたんです。

でも、Yさんの姿を見て、自分は仕事ばかりで大切な経験をせずに生きてきたことに気付き、今さらながら後悔しています。

Yさんとの出会いによって、私は自分の働き方、ひいては生き方を見直すことができたと思っています。

「自分の人生を生きてる！」って実感できてる？

私は今、YouTubeの世界に魅力を感じています。それは間違いありません。**ただ私は、YouTubeに専念して、会社を辞めようと考えているわけではありません。**

これからも、本業は本業で力を注ぎながら、その世界だけにとらわれず、自分の興味関心が向くことにもどんどんチャレンジしてみたいと考えています。

そうすれば生き方の選択肢が増えて、人生がもっと豊かになるんじゃないかと思うからです。

出向になって出世コースから外れたことで、私はいろいろなことを考えました。

そのときに思ったのが、**「会社員というのは敷かれたレールの上を歩いているようなところがあるな」**ということです。

会社員にも、自分で仕事をつくり出していかなければならない面があることは否定しません。

ただ、会社員でいる限りは、最終的には会社の経営方針や上司の考えの枠から逃れることはできないんじゃないでしょうか。「敷かれたレールの上を歩く」とはそういう意味です。

一方、YouTubeのような仕事は、すべてが自分の責任です。どんな動画をアップするか、どんな方法で撮影するかも自分で決められます。高評価も低評価も全部可視化され、自分に返ってきます。やめるタイミングすら、誰も決めてくれません。**すべては自分の判断にゆだねられています。**

人によってはYouTubeってすごくシビアな世界だな、と思われるかもしれません。でも、今の私にはそれがとても心地いい。「めちゃくちゃ自分の人生を生きてる！」って感じがしています。

「幸せの総量」ってあると思わない？

出世欲バリバリだった昔の私は、人生は、長年がんばり続けた先に栄光が待っていると思っていました。

大学に入って、新卒で会社員になり、仕事に邁進して出世を目指す。その先にこそ大きな幸せが待っているんだ、というイメージですね。

逆に言えば、若いころからの何十年もの我慢を重ねた先にしか幸せはない、と考えていました。

けれども、さまざまな出来事や人との出会いによって出世欲が薄れていくと、その考えは少しずつ変わっていきました。

何十年後の幸せを目指して日々の楽しみを封印し、仕事一筋に歩む人生より、**毎日、目の前にある小さな幸せを積み重ねていったほうが最終的には人生における「幸せの総量」は多くなるんじゃないだろうか？**

同じ人生80年でも、前者より後者のほうが幸せ度合いが大きいんじゃないだろうか？　そう考えるようになったんです。

もし、私があのまま出世レースに明け暮れて、仕事だけの人間になっていたとしたらどうでしょう。YouTubeをすることはなかったでしょうし、子どもたちと過ごす時間をこんなに取ることもなかったと思います。

料理に工夫を凝らそうなんて考えもしないでしょうし、視聴者のみなさんと交流することもできなかったはずです。

出世レースから脱落しても、社長になれなくても、子どもとおいしいね、と言いながら笑顔でごはんを食べたり、たわいないことをお喋りして笑ったり。そんなちょっとした喜びが毎日あれば、こんなに幸せなことってないと思っています。

うちの子どもたちを見ていると、出世欲みたいな上昇志向とは無縁のようです。将来の夢みたいなものもなく、このまま大人になって大丈夫かしら？　と、ときどき心配になることもないわけではありません。

ただ、自分の時間を使って働いてお金を稼ぎ、自分のやりたいことを追求しています。

世間の若い人を見ていても、家族との時間を最優先に考えたり、仕事はほどほどにして自分の趣味に時間とお金をかけたりと、出世は二の次という人がたくさんいますよね。

若い人のほうが、幸せとは何なのか、幸せの総量はどうすれば最終的に増えるのかを本能的にわかっているのかもしれません。

人生に失敗なんてないと思ってるわ

最近の私は、「人生に失敗なんてないんだな」としみじみ感じています。

今この瞬間を生きている「一番新しい自分」は、過去のいいこと・悪いことをひっくるめた、すべての経験からつくられている。だから、今の自分が一番いいに決まっている、というのが私の考えです。

昔のほうがよかった、とは思いません。

離婚したこと、父子家庭になったこと、出向させられたこと……。それらすべての経験があるから、今の私があります。

だから極端なことを言わせてもらえれば、自分の身に起こったことは、すべてプラスだと思っています。「人生に失敗なんてない」とは、そういう意味です。

これまでも何度かお話ししてきたように、子どもたちを感情にまかせてたびたび怒ってしまったことも、長い目で見ればプラスだったと考えることができるかもしれません。

そのことによって愚かな自分に気付き、その後の行動を改めることができたからです。

もちろん、まだ幼かった子どもたちにイヤな思いをさせてしまったこと、ひょっとしたら心に傷を負わせてしまったことについては、反省しなければなりません。

でも、「あんなことしなければよかった」という後悔はない。過去のネガティブな出来事にもプラスの面はあった、と思うようにしています。

こんなふうに自分の人生に失敗はないと思っていますが、小さな後悔はあります。**それは、子どもたちに自分から勉強をする習慣をつけてあげられなかったこと。**

社会の変化が激しく、物事の変わるスピードがどんどん速くなっている時代には、絶えず勉強をすることが欠かせません。

自分で勉強する習慣は、これからの時代を生きていくためにはあったほうがいいと思っています。

たとえば、勉強をしない子どもに「勉強しろ。将来苦労するぞ。あのとき勉強しておけばよかったって後悔するぞ」と言っても響きません。

なぜ勉強をしなければいけないのか
勉強をするとどんないいことがあるのか

そういうことを、**もっと今の子どもたちに刺さるロジックと表現で伝えていか**

なければならないと思っています。

とはいえ、私もその点はまだまだ勉強不足。

昭和生まれの親世代と令和の子ども世代の感覚はどんどんかけ離れていっているでしょうから、親も言い方を学んでいかなければ、と感じています。

「昭和の親像」を一度、疑ってみてもいいかもね

子育てする上で、シングルファーザーとして気をつけてきたことがあります。

それは、「自分の固定観念」を一度は疑ってみる、ということ。

私ぐらいの40代の親たちと、今の子どもたちの感覚は全然違います。たとえば、就職ひとつとってもそうなんじゃないかしら？

昭和生まれの私たちの若いころは、まだそれほど転職が一般的でなく、終身雇用を前提に就職を目指していた人のほうが多かったと思います。

当時の私も、自分が転職やYouTubeをするなんて、まるで考えたこともありませんでした。

でも、今の子どもたちは違います。

多様な生き方をしている人たちが周りにたくさんいますし、メディアでもそういう人たちの姿を多く見聞きしています。

そこに昭和の父親像を振りかざして上から目線で指導しようとしても、子どもたちからはそっぽを向かれてしまうでしょう。

私は、子どもに何か言いたいと思うことがあっても、すぐに言わず、時間をとって考えてみるように心がけています。

「この考えは古くないかな？」「時代に合っているかな？」と自問自答してみるんです。

どちらかというと、**自分が正しいかを確認するというより、自分の考えを疑う**ぐらいの気持ちで自問自答しています。

「えかろ家」の子どもたちは大きくなっているので、自分の考えを直接子どもたちに聞いて確かめることができますが、まだ、お子さんが小さいご家庭では本人に聞いて確認するのは難しいですよね。

自分の考えが古すぎないか、俯瞰して冷静に考えてみたほうがいいかもしれません。

ネットで情報収集をしたり、できるだけいろんな人に聞いてみたりしてもいいんじゃないでしょうか。

ひとり親の場合、子どもが得られる親の意見は1つしかありません。場合によっては、ひとり親の意見が子どもにとってのすべての拠りどころになります。

それが時代の感覚に合った意見ならいいのですが、そうでない場合、子どもを追い詰めてしまうことにもなりかねません。

「昭和の親像」を疑い、自分の考えを疑うことで、子どもを追い詰める危険性をできるだけ少なくしたいといつも思っています。

自分の抱く親像や考え方を疑うという意味では、何事にも偏見を持たないことも心がけています。職業や結婚、出産、ジェンダーやセクシュアリティにしてもそうです。

将来、子どもがどんな職業を選んでも別に構わないと思っています。恋愛をするのも、しないのも自由。誰を恋愛の相手とするかも、結婚も、当人の自由です。

自分の価値観に子どもを当てはめて期待をかけるのは、子どもにとっての足かせになってしまいます。

他者への過度な期待は、相手も自分も苦しめるでしょう。

子どもは親の所有物ではないので、別人格の1人の人間であることを忘れないようにしないと、と常に自分を戒めています。

ただ、偏見を持たないことを心がけてはいるものの、偏見は誰の心にも大なり小なり巣食っているもので、自分にもそれはあると思っています。

そのことを前提に、偏見を持たず、他者に寛容でありたいと努力し続ける。その積み重ねでしか他者を尊重することはできないのではないか、と思っています。

ちょっと真面目に持論を語りすぎちゃったわね……。

でも、こういうことを考えるようになったのは、子どもたちがいるおかげ。子どもたちに自分らしく、自由に生きていってもらいたい。そのためには、自分も努力しなきゃ！　って思っています。

「親も完璧じゃない」とさらけ出すとラクになるの

視聴者の方から寄せられるご質問で一番多いのが、「どうしたらそんなふうに**子どもたちといい関係を築けるんですか？**」というものです。

子どもたちと馴れ合って甘やかせばいいのかというと、そうじゃないから難しいですよね……。

私も、自分なりのやり方を見つけるまでには試行錯誤の連続でした。

具体的にはどうすればいいか、ワタシなりの考えをお伝えするわね♡

私がおすすめしたいのは、親が子どもに対して「親も完璧じゃないよ」ということを積極的にさらけ出すこと！

親は、子どもたちに弱みを見せてはいけないと思っている人も多いんじゃないでしょうか？

たとえ疲れていてもおくびにも出さなかったり、お金のやりくりで悩んでいても、心配させたらいけない、と隠したり。

そんな経験って、きっと誰しもありますよね。私も仕事や家事を全力でやってダウンしたころは、そんなふうに考えていました。

でも、子どもとコミュニケーションを取ろうと思うのであれば、そういう面も包み隠さず見せていくのがいいんじゃないか、というのが私の出した結論です。

- **親が疲れているときには、それを素直に伝える**
- **間違ったり失敗したりしたら「ごめん、失敗したわ」と言う**
- **家計が苦しいときは、「今は苦しい。我慢してくれ」と伝える**
- **協力してほしいことがあったら「もう無理。できない。手伝って」と言ってみる**

それだけで、子どもは変わってくると思います。子どもって、意外と親のことを見ているし、いろいろと考えているものだからです。

親が弱みをさらけ出すと、子どもは「じゃあ、自分でやろう」「手伝おう」「何かできることはないかな」と考えてくれるようになります。

思い切って現状を話したり、助けを求めたりしてみると、親のほうもラクになりますよ！

そこからコミュニケーションが活発になり、友だちのように何でも話せる関係も生まれていくんじゃないでしょうか。

一度きりの人生だから ワタシもチャレンジするわ

ワタシは今、死ぬまでに後悔の数を少しでも減らしたい、って強く思っているの。

これまで趣味もなく、食に興味も持たず、仕事だけに生きてきて、それ以外の世界をほとんど知る機会がありませんでした。

まだまだ息子3人の学費を稼がなければいけないとはいえ、彼らももう大学生。これからどんどん親離れして手がかからなくなっていくでしょう（たぶん……）。

私も現在47歳の立派な「アラフィフ」になり、定年後のこともそれほど遠い未来ではなくなってきました。

人間、いつ死ぬかわかりません。ひょっとしたら、明日死ぬかもしれない。

死ぬ前に、人は絶対後悔するものだ、という話をよく聞きますが、私は後悔しながら死にたくない！　と思っています。

だから、1回きりの人生、もっといろいろなことにチャレンジして知らない世界を見てみたいんです。

私にとってはYouTubeを始めたこと自体が自分の中では大きなチャレンジでした。本業、YouTube、学生時代のアルバイト、それ以外の世界を知らないので、違う仕事にチャレンジしてもいいなあ……なんて思うことも。

これからは、他にどんな世界があるのかを勉強して、できることから始めてみます。

とはいえ、難しいことをするつもりはありません！　年齢も年齢ですし、無理のない範囲で、と決めています。

まずやってみたいのは「旅行」。

昔はまったく旅行に興味がなく、会社で費用を積み立てている社員旅行（家族も連れていけるんです！）にも行かず、**20年間、積立金を無駄にしてきたほど興味なしでした（笑）。**

でも、2023年の家族全員で行った北海道旅行が楽しすぎて、旅行にがぜん興味が出てきました。

知らない土地に行ったり、海外の文化に触れたりしたいという気持ちが初めて芽生えたんです。

もちろん、先ほどお話しした年上の後輩、Yさんの影響もあると思います。**できれば、ひとり旅も一度は経験してみたいですね。**ひとり飯もできないのに、いきなり1人旅をするのはハードルが高そうだけど（笑）。

にぎやかな場所は苦手なので、世界遺産の熊野古道や白川郷なんかもいいなと思います。

世界遺産といえば、屋久島も行きたい場所の1つです。小学生のころ、屋久島が舞台の映画を見た記憶があるんです。

確か、登場人物が、仲の悪い家族と屋久島へ行き、助け合いながら登山をして家族愛を取り戻す内容でした。そのときから気になっている場所なので、**いつか家族と行けたらいいですね。**小さいころからの夢が叶ったら素晴らしいだろうなと思います。

子どもたちが社会人になればいっしょに旅をする機会は取りづらくなるでしょ

うから、行けるうちに行っておかなければ！

今のところ、私が誘ったら、「面倒くさいけど行ってやるか」って付き合ってくれるんじゃないかと期待しています！

YouTubeを、何らかの違う形で発展させられたら面白いかも、とも考えています。

たとえば、この本の出版はYouTubeが発展して生まれたコンテンツです。

こんなチャレンジをいろんな形でされているクリエイターさんがいらっしゃったら、その方をベンチマークにして、私も学んでチャレンジしていきたいなと思っています。

せっかく2023年から事務所に所属しましたので、マネージャーさんのアドバイスもいただきながら、いろいろ考えていくつもりです。

ただ、いろいろなチャレンジをするにはこれがなければ始まりません！

そう、「健康」よ！（笑）。

あ、おじいちゃんみたいなこと言ってるな、って思いました？

でも、現実としてそうなんです。お金や時間があっても健康じゃなきゃ何もできません。

旅行も、健康がなければハードルがグッと上がりますし。

私もまあまあいい年になってきたので、健康診断や人間ドックにはまめに行くようにしています。

自分の健康への投資だけは惜しまないつもりです。

会社勤めをしている人は会社の健康診断を受ける機会があるからまだいいけれど、フリーランスや専業主婦（主夫）の方だと自分で予約をしないといけないし、お金もある程度かかりますよね。

毎日忙しいからどうしても後回しにしちゃったりすることもあるんじゃないか

しら？

女性・男性にかかわらず、毎年、要検査になっているけれど、どこも痛いところも不調もないから病院に行かずほったらかしにしている、という人もきっといるんじゃないでしょうか。

でも、チャレンジするには健康がなければ無理！　と思って、**私はどんなに仕事が忙しくても、休みをとって検査に行くことを心がけています。**

いつかやる、ではなく、子育てが一段落する前から徐々に自分の将来のことを考えていきたいもの。

もちろん、健康第一で肩の力を抜いて、楽しく生きていきましょうね♪

おわりに

ここまでお読みくださり、ありがとうございます。

息子3人と父である私の日常を赤裸々にお届けしてまいりました。楽しんでいただけたでしょうか。

つたない話と文章に最後までお付き合いくださった読者のみなさんには感謝しかありません……！

私にとっては、YouTubeで自分の家庭のことを発信するなんて考えられないことでした。それが今では、本まで出させていただくことができました。

人生って何があるかわからない。面白いなと47歳にして実感しています。

最後にお伝えしたいのは、「感謝」。この一言に尽きます。

まず、感謝を伝えなければならないのは、私の大好きな3人の息子たちです。

しつけのやり方がわからず感情にまかせて大声で叱りつけていたころのお父さん、

元妻さんとお父さんのけんかにはツラい思いをさせてしまいました。

ときには泣き出したいのを我慢して、大人のような態度をとってくれていたよね。私の至らなさから「えかろ家」を父子家庭にしてしまったことについては、申し訳ない気持ちでいっぱいです。

それでも3人とも、料理が下手で家事も完璧でない私を支え、素直で優しい性格に育ってくれました。

私は子どものときに親の言うことを聞かなかったし、家の手伝いをしたこともほとんどありませんでした。家事分担をして、料理の手伝いもしてくれて、3人にはどれだけ助けられているかわかりません。

本当にありがとう！　みんなを心の底から尊敬し、愛しています。

長男くん、次男くん、三男くんの人生にはこれからいろいろなことが待ち受けていると思います。人に迷惑をかけない範囲で、後悔しないように、自分のやりたいことにチャレンジしていってほしい。

楽しいこともあるけれど、困ることやツラいことも絶対あるはず。しんどいときはいつでも帰っておいで。

次に感謝をお伝えしなければならないのは、YouTubeをいつも見てくださっている視聴者のみなさんです。**叱咤激励、料理へのアドバイス……。みなさんの心のこもったコメントにどれだけ励まされ、勉強させていただいたことか。**

仕事と家事、子育てに疲れ果てて、YouTubeをやめたらどんなにラクになるかと思ったことは数えきれません。

ですが、視聴者のみなさんからいただく反応のすべてがうれしくて、それを励みにここまで更新を続けることができました。いつもありがとうございます。

最後に感謝を伝えたいのは、岡山に住む両親です。

孫たちと私をいつも気にかけてくれてありがとう。**私の今があるのは、間違いなく、あなたたちのおかげです。**小さい時から至らない息子で、迷惑ばかりかけてきました。

あげく、離婚までして、孫たちも悲しませて……。でも、そんな私を見捨てることなくいつも温かく見守ってくれました。ありがとう。

「お父さん、お母さん、本当に本当に大好きです。」

まだ全然親孝行できていないので、それまで元気で過ごしてくれることを願っています。


この本を形にするために力を尽くしてくださった株式会社BitStarの村田雄司さんにも、この場をお借りして感謝を申し上げます。

みなさん、本当にありがとうございました！

2024年4月

えかろパパ

子から父への手紙 長男より

親父殿へ

常日頃ふざけてる俺をここまで育ててくれて心底感謝しています。我ながらぶっ飛んだ行動を度々取っていたと思います。高校生のころは何気なく食べていたけれど、毎日お弁当を作ってくれていたことは、とても有難いことだったんだと気付きました。

話は変わりますが、最近俺がダイエットや学業にそれなりに真面目に取り組んでいるのは知っていると思います。

突然やり始めたので、何があったのかと思ったかもしれません。実を言うと最近の親父を見て少し意識を変えたのが理由です。

というのも、最初は「YouTuberになるだなんて、何を言ってるんだこの人は？」と内心親父のことをバカにしていました。でも、その活動が、今では生活の一部になり、本を出すにまで至ったことに衝撃を受けたのです。

新しいことに怖気づいて、踏み出そうとしない俺ではできないことだと感じ、だからこそ、このままではよくないなと考え、俺も少しは真面目になろうと生活を改めることにしました。

未だに部屋は汚いし、整理整頓もしないし、書類も渡さないし、洗い物はためるし……。

小学生のころからなんにも変わっていない俺ですが、新しいことにも挑戦している親父の背中はしっかりと見て育ったので、俺も少しでもいいからマネできるようがんばります。

父へ

いつも遅くまでお疲れ様です!!

毎日編集やお仕事で疲れているのに、帰ってから部屋の片付けや晩ごはんの準備をしてくれてありがと!


受験のときや、何かやらかしてしまったとき、いつも助けてくれる父はとても心の支えになっています。

そんな父を見ていると、自分も何かできないか、何か手伝えないかと思うのですが、実際はたまにしか手伝えず、大して役にも立っていないと思います。

父のような人になりたいな、自分もがんばらなくちゃ、と思ったりすることがよくあります。

最近では、YouTubeの撮影にも慣れてきて抵抗はなくなりましたが、まだ自覚も知識もありません。

これからは、知識を蓄えて自分でもできることを探して、父の手伝いやサポートをたくさんして、いろんなことを学んでいきたいと思っています。

「父と子つなぐおべんとう」なのに、いつのまにかお弁当が全然映っていなかったり、父の名前が「えかろパパ」になっていたりとツッコミどころが多いですが、面白くて楽しいYouTubeになるように僕もいっしょにがんばっていきたいと思います。

子から父への手紙 三男より

お父さんへ

お父さんが作ってくれる料理やお弁当は、いい香りがしてきたり、たまに大好きなおかずが入っていたり、お弁当を開ける瞬間は自分にとってはとても特別です。

毎日お弁当に何が入っているのか、わくわくしています。

ときには「今日の弁当、手抜いたでしょー」なんて言ってしまうこともありますが、それでもそのお弁当一つひとつに愛情がたくさん詰まっていることを感じています。

仕事で疲れている中、帰ってきて毎日ごはんを作ってくれて、洗い物や家事もしてくれて（僕たちも少しは手伝わなきゃな、って思っていますが……)、いつも本当にありがとう。

お父さんと家族みんなで、仲良くいろんな話で盛り上がりながらいっしょに食べるごはんの時間は、すごく貴重で、幸せだなと日々感じています。

子ども3人を1人で育てるために、毎日遅くまで働いて、家事もして、YouTubeの動画も撮って……お父さんのたくさんの努力があったからこそ、僕たちは毎日幸せに過ごせているんだなとしみじみ思います。

ときにはけんかをしてしまうこともありますが、しっかり向き合っていくので、これからもよろしくお願いします。

● えかろパパ

1977年生まれ。岡山県出身。普段は企業戦士として働く傍ら、2020年から、お弁当作りの風景を通して、家族の日常をYouTubeで投稿し始める。パパの右腕的存在・長男、料理大好き・次男、高校デビューした陽キャな三男（次男・三男は双子）の3人の息子を育てるシングルファーザー。使命感で黙々とお弁当を作り続けていたが、YouTubeやSNSへの投稿をきっかけに、今では雑誌にも掲載されるほどの腕前に進化。将来の夢は「おじいちゃんになって孫の幼稚園のお弁当を作ること」。

3兄弟《きょうだい》の息子《むすこ》を持《も》つシングルファーザーの
父《ちち》と子《こ》をつなぐお弁当《べんとう》

2024年4月1日　初版発行

著者／えかろパパ
発行者／山下直久
発行／株式会社KADOKAWA
〒102-8177 東京都千代田区富士見2-13-3
電話 0570-002-301（ナビダイヤル）
印刷所／図書印刷株式会社
製本所／図書印刷株式会社

●お問い合わせ
https://www.kadokawa.co.jp/（「お問い合わせ」へお進みください）
※ 内容によっては、お答えできない場合があります。
※ サポートは日本国内のみとさせていただきます。
※ Japanese text only
定価はカバーに表示してあります。

ISBN 978-4-04-606709-8　C0095